博瑞森图书
BRACE

企业阅读 本土实践

抖音营销系统

未来抖商

刘大贺◎著

中华工商联合出版社

图书在版编目（CIP）数据

抖音营销系统：未来抖商/刘大贺著．—北京：中华工商联合出版社，2019.7

ISBN 978-7-5158-2515-1

Ⅰ.①抖…　Ⅱ.①刘…　Ⅲ.①网络营销　Ⅳ.①F713.365.2

中国版本图书馆 CIP 数据核字（2019）第 105033 号

抖音营销系统：未来抖商

作　　者：刘大贺
责任编辑：于建廷　臧赞杰
责任审读：郭敬梅
封面设计：仙　境
责任印制：迈致红
出版发行：中华工商联合出版社有限责任公司
印　　刷：河北宝昌佳彩印刷有限公司
版　　次：2019 年 9 月第 1 版
印　　次：2019 年 9 月第 1 次印刷
开　　本：710mm×1000mm　1/16
字　　数：200 千字
印　　张：14
书　　号：ISBN 978-7-5158-2515-1
定　　价：99.00 元

服务热线：010－58301130
团购热线：010－58302813
地址邮编：北京市西城区西环广场 A 座
19－20 层，100044
http：//www.chgslcbs.cn
E-mail：cicap1202@sina.com（营销中心）
E-mail：gslzbs@sina.com（总编室）

导读

随着5G的发展，以图文为主的媒体、电商平台，正逐渐被以短视频为主的新媒体、新电商平台弯道超车。根据QuestMobile（北京贵士信息科技有限公司）2018年10月份数据显示，抖音的活跃用户占比高达67%，位居短视频平台第一名。用户平均黏性已经远超微博、百度贴吧、QQ空间、微信公众号：人均使用次数高达407次/月；每月人均使用时长高达1232分钟；平均每人每天打开抖音的次数为13次；每天使用抖音超过41分钟。

消费者的注意力在哪里，哪里就是最好的商业机会。抖音将继微商、电商之后，成为一种全新的商业平台。

本书写作的核心，就是为了帮助大家掌握抖音系统的实战营销知识，完整地学会抖音营销的各项技能，帮助大家创造出优质的抖音内容，借势抖音，快速发展。

本书最大的特色就是“实战、系统”。书中囊括了上百个从零做大的经典案例，深度剖析了抖音的发展趋势，解读了抖音运营的内部规则，总结了抖音内容创作的系统经验，以及抖音矩阵的实操策略、抖音变现的实战经验，手把手教你学会抖音系统营销。

本书总共分为11章，分别解读了抖音的趋势、抖音的规则、抖音矩阵的策略、抖音账号的设计、抖音内容创作系统、抖音养号技巧、抖音变现策略、抖音电商运营策略、抖音禁忌、DOU+和多闪、抖音的商业趋势等；解答了账号被限流、视频没有阅读量、视频被封号等核心困惑，以及分享了如何创作出优质的视频内容、如何做抖音电商、如何通过抖音快速赚钱等干货内容，并分析了中国目前全媒体的格局和发展趋势，开阔读者的经营视野，使其彻底了解抖音现状、掌握抖音营销。

2019 年除夕夜，抖音强势赞助央视春晚，品牌传播量空前放大，迎来了传播、舆论、流量的风口。越来越多的机构、平台、品牌企业、名人入驻抖音，大批微商、电商也纷纷入驻抖音。抖音正在从一个“清秀书生”，快速成长为“强壮的男子汉”，快步成为全新的社交电商霸主。面对抖商巨大的蓝海市场，个人如果把握住了，可以有机会实现逆袭的梦想；企业如果把握住了，完全可以打造出属于自己的“电视台”和电商平台，成功实现传统企业向移动互联网的转型。

希望这本书，能够帮助大家打开移动互联网的天窗，把握住短视频社交电商的风口。

同时，非常感谢博瑞森图书团队的辛苦付出，衷心祝愿每一位读者，生意兴隆！

目录

第一章

抖音的巨大营销价值

自2014年以来，随着移动互联网的发展，中国的新媒体平台层出不穷，在粉丝受众及影响力上逐渐超越了传统媒体。新媒体对企业和个人来说，不但具有品牌传播价值，更能够带来直接的营销转化，成为企业和个人创业的极佳工具。

很多人下载了抖音，只是偶尔刷一刷，娱乐一下，并没有发现有什么营销价值。实际上，仔细观察一下身边的年轻人，就会发现他们除了爱打游戏，排名第二的就是刷抖音。他们一边刷一边笑，一两个小时刷不停。抖音沿袭今日头条的内容推荐规则，会不断优化用户最感兴趣的内容，匹配给用户，全是用户自己“喜欢”的内容，自然会让人“沉浸其中”。

CNNIC（全称为中国互联网络信息中心）发布的《第40次中国互联网络发展状况统计报告》显示，头条号日均阅读量超过1.8亿条（人均30条），用户平均阅读时长超过76分钟（1小时16分钟）。据抖音内部人士透露，优质粉丝平均每天刷抖音的时间在两小时以上。现在什么样的广告媒体能够像抖音一样，吸引年轻人花两个小时呢?

观众的时间在哪里，哪里就是最有价值的营销平台。按照使用频率的不同，比如手机号、微信号、QQ号、抖音，使用频率越高，离用户越近，流量价值越高。微信的诞生，让微博、QQ影响力下降很多。如今抖音火了，微信必然会受到强有力的挤占。

过去的信息传播，主要依靠传统的四大媒体：报纸、杂志、电视台、收音机。传播渠道单一，自上而下，央视播放什么内容，瞬间就能影响全国人。记得小时候，我们村里有了第一台电视机，一到晚上全村都去买了电视的邻居家里看电视。那段时间也是村里牛、羊、鸡、鸭、鹅、粮食等被盗最多的时候，因为全村人都去看电视去了，家里没人，小偷容易得手。电视在20世纪80年代是影响力最大的媒体。哪家企业、哪个品牌，如果能在央视成为标王，销量就会火箭般增长。秦池、爱多VCD、恒源祥、汇源果汁都是当时的经典案例。

可是如今，你有多久没看电视了？除了老人和孩子，主流的消费人群全部在玩手机。百姓的注意力，随着移动互联网的发展，已经变得更加多元，更加碎片化，营销的难度自然越来越大。

根据媒介360统计的媒体影响力及广告主投放的热度排名（图1－1所示），我们可以看出，对百姓影响最大的媒体，已经由原来的电视，转到了移动互联网。第二名是互联网PC端，第三名才是电视。而报纸和杂志已经沦落为倒数第一和倒数第三。

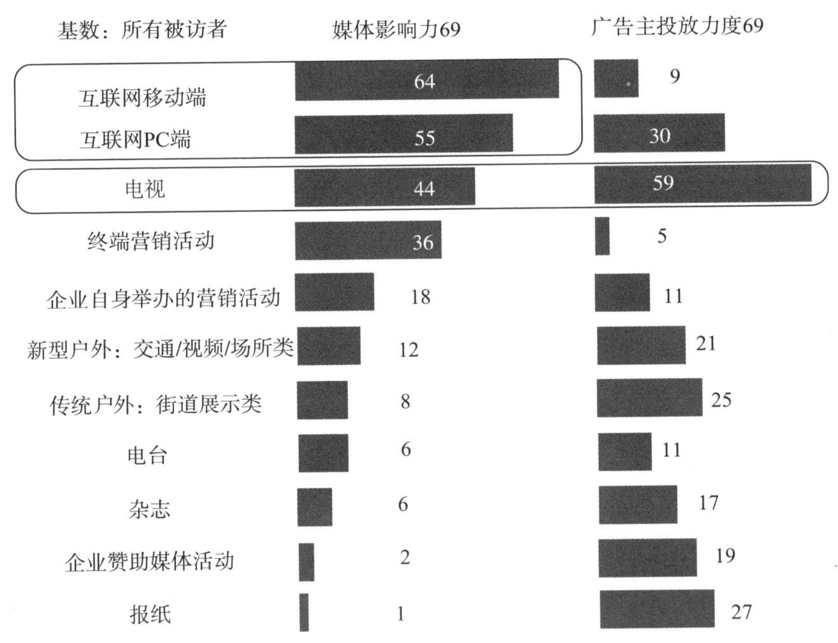

图1－1　媒体影响力及广告主投放的热度排名

有数据显示，一个人的手机平均会下载34款APP，而每天会耗时1小时以上的软件只有1～2款。抖音能够抓住年轻人的注意力1～2个小时，说明未来的营销潜力是多么惊人。分众传媒电梯广告，也不过是抓住了受众等电梯的几分钟。

目前，更多的明星、商业品牌，纷纷入驻抖音。在抖音里，内容为王。即使你是鼎鼎大名的明星、专家，如果没有内容，照样没有流量。在抖音平台的头部内容发布者中，纯素人（普通人）占据了总人数的49.1%。而且，作品的影响力并不与其粉丝成正比，作品内容质量才是传播成功的关键。只要有一个视频成为爆款，普通人就可以一夜成名。有着草根逆袭的独特内容推荐规则，又有着微博的名人效应，抖音的营销趋势非常可观。

对企业来说，抖音有三大最直接的营销价值。

一、利用抖音直接卖货

深圳的女装批发市场在全国算是最高端的，有别于杭州的四季青和广州的时尚坊、红棉和白马。

魏来是深圳南油服装城的批发档口老板，2018 年 8 月一个代理商突然一次要了近 20 万元的货，引起了魏老板的注意。因为现在的批发档口生意并不好做，别说 20 万元了，代理商一天能走几万元的货，都会引起老板的关注。

于是，魏老板就去问代理商，之前生意一般般，为什么这几天突然定那么多货。代理商就告诉他，他把魏老板平时传给代理商的宣传视频适当剪辑一下，放在抖音上面，结果视频火了，几天的时间有三四千人加他。代理商就在抖音上面卖衣服，结果生意特别好。图 1 －2 为视频截图。

为什么代理商会有这么多视频呢？原来，魏老板每天都会有大概10～15个新款服装，于是就把这些新款的视频通过微信朋友圈、私聊，发给全国各地的代理商。代理商每年只有在换季的时候，才会来档口挑选衣服，剩下的日常沟通基本通过微信完成。

每天更新十几个款的衣服，魏老板都会请一些模特来拍成短视频。代理商在微信里看到了这些衣服，感觉满意就会让魏老板发个样板过去。当天，魏老板就会把衣服用快递发给他们。代理商如果能够销售，就会过来补货。

这个代理商比较聪明，把魏老板平时传过来的视频适当剪辑后简单做一些拼凑，换下背景音乐，换个标题，比如“明天要去见男朋友的妈妈，

图 1－2　视频截图

我应该穿哪套衣服合适”，结果视频评论区的评论全都是说第一套、第二套、第三套，或者是问这些衣服怎么买、在哪买。

因为这件事，魏老板突然一下重新认识了抖音，改变了自己的思想。原来，抖音不只是一个娱乐平台，还可以在上面卖货，直接销售产品。2018 年 8 月底的时候，魏老板就试着像代理商一样，把那些视频适当剪辑，放在抖音上面。结果不到一个星期，他的抖音视频也火了。

当时图 1－3 的衣服视频就小火了一把，评论数大概是 580 条，带来抖音粉丝 6900 多人，有 50% 的粉丝加了他的微信。这套衣服是真丝的，批发价是 480 元，零售价基本上是 700 元，加进来的 3000 多人，有一百多人购买了这套衣服。随后，魏老板就果断把抖音提上公司运作日程。从原来的被动批发，转型为直接 2C 销售，这就是典型的抖音销售产品案例。

图 1－4 是新疆阿克苏的苹果。当用刀切开苹果时，观众可以听到苹果被切开时非常清脆的分离声音。主人介绍说：“这是新疆的阿克苏苹果，非常甜，虽然长得丑，但是个个都有糖心。”

所谓的糖心，其实就是苹果切开后能够看到的明显的颜色变化，果核透明，是区别其他产地红富士苹果的标志。因阿克苏高海拔区域昼夜温差

图 1－3　魏老板的衣服视频截图

图 1－4　新疆阿克苏的苹果

大、光照充足、土壤肥沃，使苹果含糖量高，糖度在 18 度左右口味特别甜。因采用冰川雪水浇灌、沙性土壤栽培等，苹果的果核部分糖分堆积成透明状，形成了世界上独一无二的“糖心”形象。这种特殊的视觉形象，给消费者一种“非常甜”的认知。很多人看到视频，忍不住想购买。

点开视频的评论，几乎都在问“在哪里买？价格多少?”，如图 1－5

所示，都是非常精准的潜在客户。

视频营销是一种非常直观的富媒体营销工具。清脆的切苹果声音，晶莹呈琥珀色的糖心，听觉、视觉双重刺激，直接让消费者产生强烈的购买欲望。

一个出海捕捞的渔民，经常在抖音里晒自己出海捕鱼的视频。图1－6是拍摄的刚捕捞出来的斑节虾，在船舱活蹦乱跳。视频的主人随口说了一句“最新鲜的斑节虾，刚捕捞上来，想吃的朋友留言”，下面立即就有询问价格、怎么购买的用户。

图1－5　新疆阿克苏苹果视频评论截图

图1－6　斑节虾视频截图

有一个牙贴厂家在抖音做广告推广，拍摄了这样一个视频：模特贴上了一款牙贴产品（树脂贴面是在牙齿的外面贴上一层与正常牙齿颜色相近的树脂材料，遮住牙齿本身的颜色），半个小时候后，牙齿白如瓷片，如图1－7所示。结果这款牙贴一个月销量就非常惊人，厂家又推出同类视频进行推广引流。

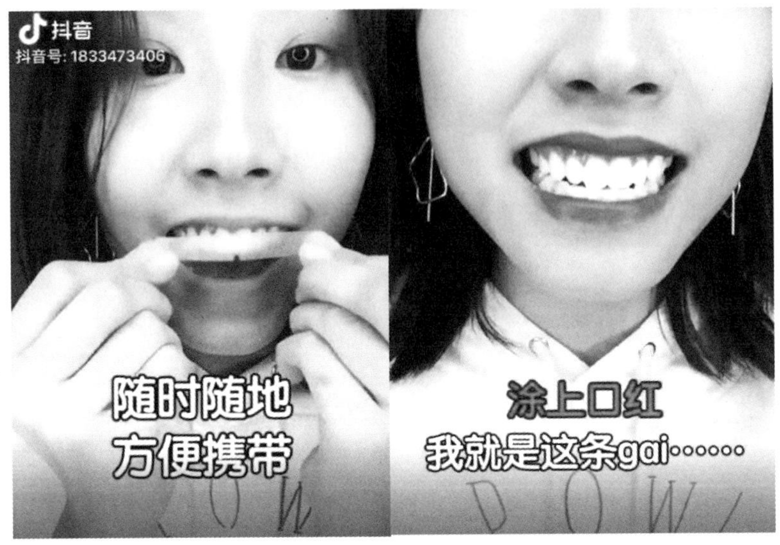

图1－7　牙贴广告视频截图

抖音第一大价值就是可以直接卖货。只要视频拍摄得精巧，抓住了产品及服务的最大卖点，就可以直接吸引潜在客户购买。

二、利用抖音引流转化

抖音的第二个价值就是线上给线下直接引流。现在很多实体店、服务型公司（如企业培训）等，引流难、开发客户难，需要更好的引流工具。

我们拿培训行业举例。

图 1－8 是两个抖音里的讲师，一个粉丝 210 万，另一个粉丝 350.8 万。通过视频分享自己讲课时的片段，吸引潜在客户报名上课。很多粉丝发现老师讲得不错，就想学习更多内容，于是就私信老师（图 1－9），一旦课程价格、学习地点、学习时间等适合，就从抖音走到线下，去课堂学习了。

有些行业，比如餐饮、线下培训产品、整容、婚纱摄影、美容美发等，产品及服务必须通过线下才能提供，只能通过线上引流，线下消费服务。

笔者的抖音聚焦分享专业营销知识。很多做企业的人对笔者的内容感兴趣，认为内容营销专业实战，能够帮助他们增长业绩。经常有企业朋友来笔者的公司交流考察、洽谈合作。笔者也是通过抖音，实现了客户的线上引流，如图 1－10 所示。

2019 年春节档，沈腾和黄渤纷纷在各自的抖音号里对合作的电影《疯狂的外星人》做传播。视频的总浏览量突破 2 亿人次，评论区全是买票的留言，如图 1－11 所示。

图1-8 抖音里的讲师账号页面

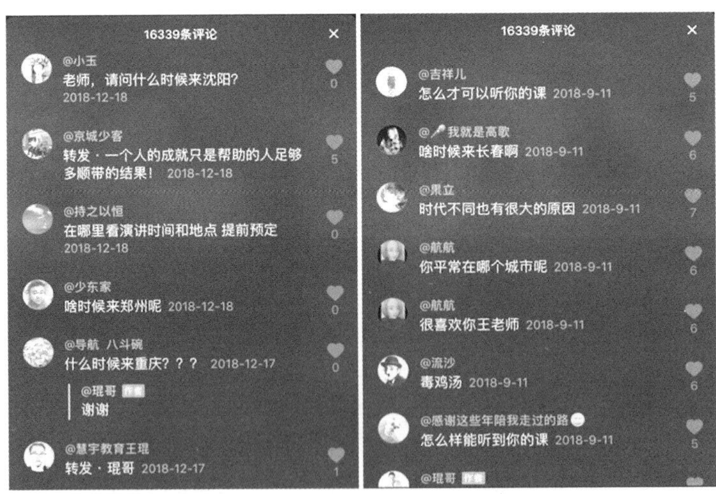

图1-9 讲师视频下的评论截图

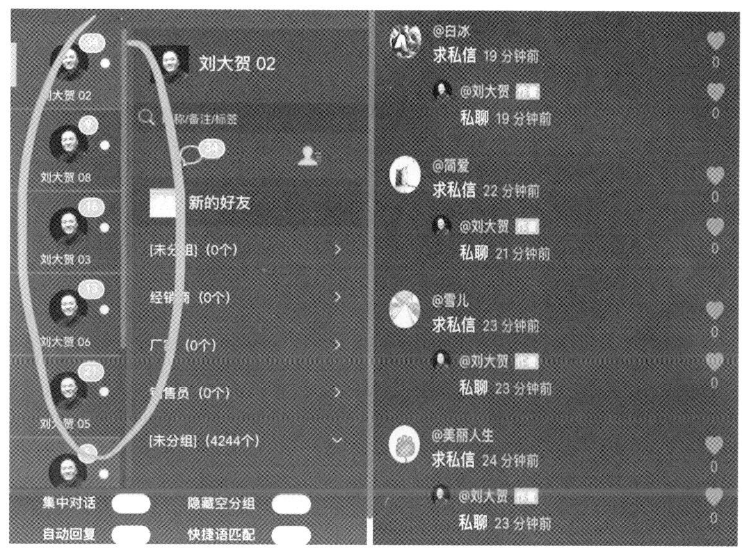

图 1－10　作者的抖音留言截图

图 1－11　《疯狂的外星人》抖音传播截图

《疯狂的外星人》还单独成立了官方抖音号（图 1－12），分享拍摄期间的精彩花絮，吸引粉丝，并联合抖音各大网红，做更多的互动传播。截止到 2019 年正月十五，《疯狂的外星人》累计票房突破 20. 57 亿元，仅次于《流浪地球》，是春节档票房亚军，远远超过周星驰导演的《新喜剧之王》（6. 05 亿元）。

图 1－12　《疯狂的外星人》官方抖音号截图

三、利用抖音传播品牌

抖音的第三大价值，就是能够给产品、公司、个人带来绝佳的品牌传播。

抖音就是企业或个人的电视台，只要上传内容，就会有相应的观众去看。而且，视频的传播效果一定比单纯的图片、文字、声音效果好。企业的广告宣传片过去只能投放在电视等媒体平台，成本太高，效果也越来越差。春晚标段 15 秒的广告，高达 2000 万元的估价。相对于传统电视台的广告产出比，抖音自然是低成本、性价比较高的媒体。

由于抖音有着非常优秀的内容推荐机制，你只需用心做好内容，抖音会按照规则给你分配流量。只要内容好，几十万、几百万、几千万的阅读量是分分钟的事情。

开设一个抖音账号，就相当于自建了一个独家的电视台，节目做得好，品牌传播量自然倍增。抖音为每一个个人、每一家企业、每一款产品、每一项服务等，创造了绝佳的传播工具。

笔者在玩抖音的第二个月时，整理了一下抖音数据，发现自己的视频已经播放了 1649. 3766 万次，内容传播到了 213 座城市，一共获得了 20 多万的粉丝，33 万的点赞，如图 1 – 13 所示。第三个月，粉丝已经突破 30 万，点赞数量已经突破 76. 5 万。其中有一个视频单个的播放量已经高达

图1－13　笔者抖音数据截图1

1340.5万次（图1－14）。2016－2018年做公众号自媒体时，文章10万+就是非常了得的传播量，垂直类内容有1万阅读量就已经非常不错了。而在笔者的抖音里，基本上所有的内容都有1万以上阅读量，10万+、100万+、1000万+都是非常常见的。所以，从品牌传播的价值来讲，笔者认为抖音要比公众号更具有潜力，是目前最有价值的传播工具。而且公众号属于半封闭媒体，账号不传播，很难吸引粉丝；文章不传播，很难获得阅读量。抖音是靠规则取胜，好内容会给你推送匹配的粉丝，比公众号更具裂变传播力。

笔者老家一起长大的邻居有一天晚上突然在微信里私信说：“刘哥，你火了！现在全村都知道你在抖音有几十万粉丝。”其实这就是传播的力量。笔者通过抖音传播个人，你可以传播你的品牌、你的产品、你的内容，甚至传播你个人。

陈翔六点半工作组的抖音视频，仅是点赞数量就已经突破2.4亿，如图1－15所示。超过3508万人关注了他们，几乎所有的抖音用户都知道他们。这就是传播的力量。

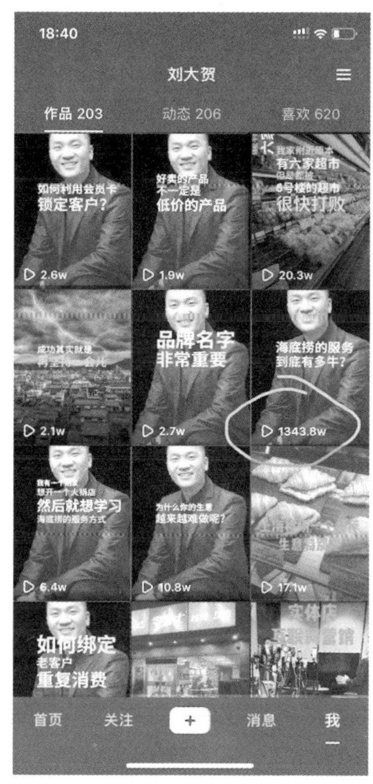

图1－14　笔者抖音数据截图2

图1－15　陈翔六点半工作组抖音账号截图

王老吉官方账号在抖音做了两次挑战赛活动，第一次活动的“开启美好吉祥年”视频播放次数竟然高达62.9亿次，如图1－16所示。实际上，抖音的挑战赛活动起步价最多才400万。相比较央视、卫视等电视台，高达数亿、数千万的广告费用，抖音的传播性价比简直高得没谁了。

图 1－16　“开启美好吉祥年”视频页面截图

第二章

抖音特殊的规则设计

了解了抖音的发展趋势和营销价值，想必你已经蠢蠢欲动。接下来，我们要了解抖音的相关规则和注意细节，使行动方向清晰，不会走错路。当然，抖音的规则随着平台的发展在不断变化，我们只能讲解截至2019年3月底的抖音相关规则内容。随后更多的变化，大家可以在笔者的抖音号或公众号，交流沟通。

一、长视频及电商开启权限

很多人问笔者，为什么他只能拍摄15秒视频，而笔者的视频却可以长达1分钟？为什么他的抖音没有电商店铺，而笔者的有？其实，这些都是抖音的不同规则所致。

1. 抖音视频长度权限规则

早期，当抖音账号的粉丝＜1000人时，仅有15秒视频拍摄及上传权限，当粉丝数量≥1000人时，可以开通一分钟视频权限。不过，最近抖友们发现，1分钟视频的权限已经全面放开了。

另外，抖音给一些大V（粉丝众多的作者）提供了5分钟长视频权限。笔者是在粉丝达到25万时，收到了抖音1～5分钟的长视频发布权限通知，如图2－1所示。

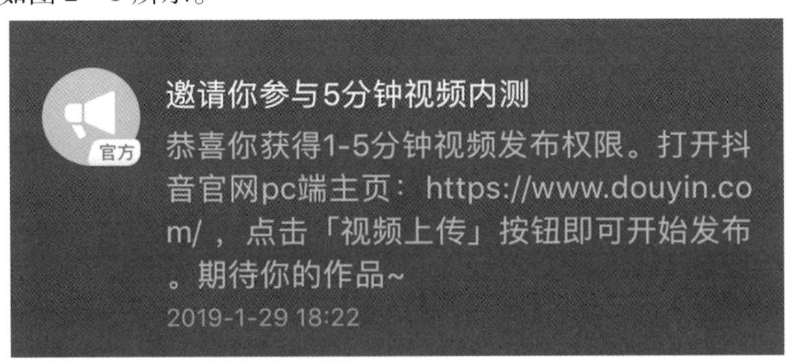

图2－1　抖音1～5分钟长视频发布权限通知

2. 抖音电商、直播权限规则

实名认证 + 上传 10 个视频，可以在“设置”中找到“申请商品分享功能”的入口，直接申请电商橱窗权限。10 天内添加 10 件商品到商品橱窗，就能完成新手任务，获得商品橱窗权限。

在“商品橱窗”的“电商工具箱申请”解锁“视频电商权限”。15 天内，发布 2 条以上包含商品的视频，就可以获得视频电商权限。粉丝超过 3000 +，并且开通了视频电商权限，就可以直接获得直播电商权限，可以在视频、直播中卖货挣钱。

图 2 –2 标示的地方就是抖音商品橱窗的入口，早期是超过一万粉丝才可以开通，现在是实名认证 + 上传 10 个作品即可开通。点开“我的商品橱窗”，进入下一级页面（图 2 –3）：

图 2 –2　抖音商品橱窗入口

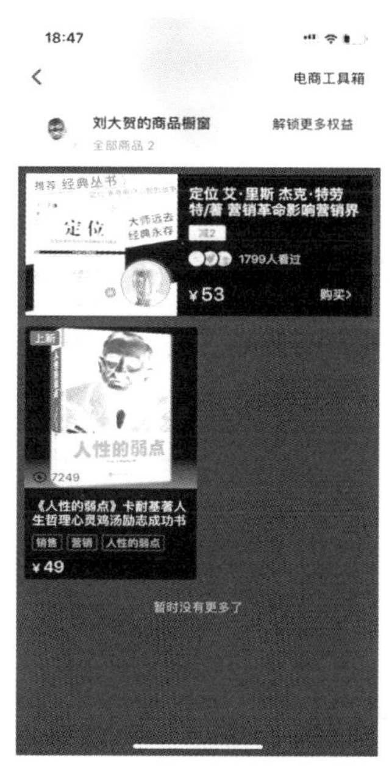

图 2 –3　“我的商品橱窗”页面

这是笔者在抖音电商上出售的书籍，目前抖音电商支持两个电商平台：抖音小店和淘宝。抖音小店（第九章有专业介绍），是为抖音账号提供的电商变现工具，帮助抖音账号拓宽内容变现渠道，提升流量价值，而淘宝链接则是免费变现通道。

点击电商工具箱的“商品橱窗管理”，就可以看到绑定淘宝商品的端口，如图 2－4 所示。绑定淘宝链接有两个条件：一是手机中要安装并登录“手机淘宝 APP”；二是淘宝账号的信用需在 3 颗心以上。

图 2－4　绑定淘宝商品页面

具备了橱窗功能，就可以直接卖货了。开通了视频电商和直播电商功能，就可以把产品穿插在每一个视频中。视频电商的呈现方式如图 2－5 所示，粉丝在观看视频时，在左下角位置会跳出你的产品，最大化帮助账号引流转化。

直播电商和视频电商的原理一样，在右下角有一个购物车按钮，点击就可以直接跳转到商品的购买链接，如图 2－6 所示。但是，开通直播电商，必须要有 3000 粉丝以上，才可以申请。直播电商也必须是电商橱窗和视频电商功能都开通之后，才会开通。

图 2－5　产品展示方式

图 2－6　直播电商产品展示方式

二、抖音账号和内容评判标准

抖音属于自推荐机制，任何内容都会随机分配几十到几百的流量。如果内容足够好，点赞、转发、评论达到一定要求，就会分给你1000人次，甚至1万等更多人次的流量。如果内容再次验证不错，就会再给你分配10万人次，甚至100万人次、1000万人次的流量（300－1000－1万－10万－100万－1000万），以此类推。

因此，粉丝少、阅读量低，首先要反思视频内容，除此之外别无其他，在抖音里视频内容大于一切。小明星，只要互动及内容做得好，同样会比一线明星粉丝多。纯素人（普通人）只要内容创作得好，一夜成名的案例不胜枚举。

成都有一个女孩在街头被人采访："你觉得男人一个月多少工资可以养活你？"她羞涩地说："养活我，能带我吃饭就好。"说完，莞尔一笑，十分清纯。现在男人生活压力大，看到如此清纯的美女，大部分从骨子里会认为养不起。没想到"小甜甜"的观点是如此简单，打动了万千少男。

"抖音里都是好，现实里一个也碰不到。"

"我妈给你准备了饭，我马上给你送过来。"

"姑娘，因为你这句话，接下来的余生，你每天都有饭局，早中晚加夜宵。"

“姑娘啊，你的一句话让去成都的海陆空全部瘫痪了。”

众多网友纷纷评论、合拍，一夜之间，小甜甜火遍全国。粉丝一晚上增加了200余万，成为网红，如图2－7所示。截至2019年2月20日，她的账号粉丝数已经突破550.9万人。小米手机、乐仔街拍等品牌企业纷纷找她代言合作。

为什么很多人上传了大量视频，却没有一个火起来呢？

什么样的视频才是好的视频呢？

什么样的视频才会获得抖音巨大的流量支持呢？

从零到10万＋、100万＋、1000万＋的视频，都要满足什么基础条件呢？

为什么同样的内容，在别的账号上火了，原创却火不起来呢？

实际上，不同的抖音账号，权重差别很大。权重高的账号，抖音对其内容的推荐会增加，流量倾斜会增多。国内一些抖音培训师所讲的“养号技巧”“账号质量等级”等内容，基本原理都来自以下五大评判标准。一个账号，只要按照这五大标准进行创作，坚持一段时间，自然就会获得较高的权重，拥有较高的质量等级，每一个视频获得的流量会越来越多。

权重较高的视频，都有哪些特点呢？优质抖音账号和优质抖音内容的五大评判标准是：

1. 垂直度

抖音鼓励专业的内容聚焦，不鼓励杂乱无章的分享。账号所分享的视频内容，整体上要属于同一种调性、同一种风格、同一种类型，内容上要具备垂直定位。

在抖音里，垂直度是非常关键的权重考量标准。笔者的抖音内容清一色和“营销知识”有关，而且视频制作方式、背景图，几乎都是统一的，自然就满足了垂直度的要求，如图2－8所示。

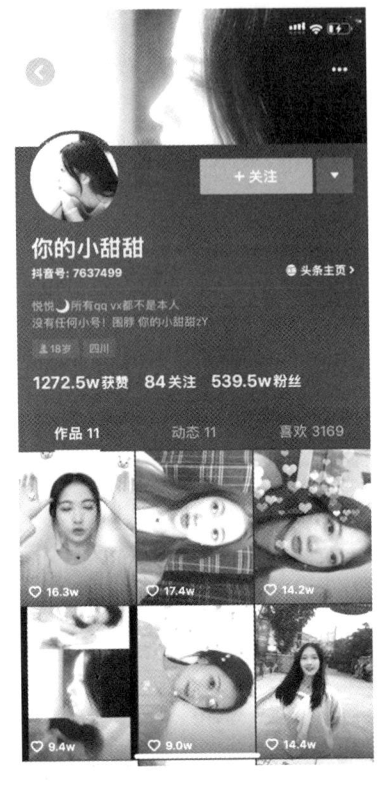

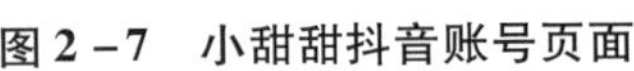

图 2－7　小甜甜抖音账号页面

图 2－8　笔者页面风格

企业和个人，可以根据自身的营销定位，选择自己的垂直方向。一般情况下，视频的垂直定位包括三个方面。

（1）内容定位

定位的目的，是帮助你确定在账号上持续分享什么内容。内容的定位如果不准确，吸引的粉丝就不会精准。所以，要结合自己的传播目的、产品卖点、目标客户对同品类的心智认知点，确定内容。

我们以川菜馆为例，提起川菜，百姓的认知就是：麻、辣。如果想吸引消费者到店消费，内容上可以直接分享顾客吃到菜品后，麻辣过瘾的面部细节，可以分享菜品的诱惑视觉，可以分享辣椒、麻椒、花椒等佐料的采摘视频，可以分享厨师在后厨烹饪的视频，可以采访正在吃饭的顾客，为自己现身说法。只要和麻辣有关，同时又能引导顾客联想到相关的认知，唤起相关的感觉，都是不错的定位。

重庆有一家专做纸包鱼的餐馆，老板经常分享纸包鱼上桌时的场景内容（图2－9）。打开纸包鱼之后，把纸包内做好的鱼，倒在滚烫的铁板上，立马就会发出“滋滋啦啦”的沸腾声音，鱼的香味瞬间升腾，强烈的视觉色彩和听觉刺激，让观众口水直流。这些视频不但能够吸引客户到店消费，还能吸引想学习的人员，带来加盟收益。

图2－9　纸包鱼餐馆账号页面截图

郑州有一家58度川菜馆（图2－10），老板的内容定位和纸包鱼不同，采取了餐饮经营经验分享的策略。由于专注分享餐饮的管理和营销经验，视频吸引了大批粉丝。随后通过直播传播品牌，积累了大量想做加盟的精准客户。因为分享内容较为专业，想做加盟的客户会对他产生信任感，后期加盟成交更容易。

大疆无人机官方账号分享的内容，全部是无人机航拍的美景（图2－11），通过聚焦分享使用设备后的结果呈现，吸引更多潜在客户。其实，除了航拍美景的定位，大疆还可以分享使用无人机拍摄特殊视频的技巧，让更多人学习无人机拍摄技能，可以分享无人机在不同行业及领域的应用技术，可以分享大疆的科研及生产现场的科技感。

图 2－10　58 度川菜馆页面截图

图 2－11　大疆无人机官方账号截图

卫龙辣条分享的全部是和产品有关的搞笑段子（图 2－12）。实际上，除了娱乐，卫龙也可以通过拍摄食品的诱人细节，带给观看者强烈的食欲感；可以通过拍摄公司的生产细节和研发细节，展示产品的卫生和科技感；可以通过剪辑，将卫龙和更多元素结合在一起，创造更个性的传播和风格。

综上所述，在内容定位上，一切利于展示产品特点和优势，利于吸引潜在客户兴趣和带来好感的内容，都适合聚焦定位。

（2）风格定位

内容确定之后，更要对内容的展现风格进行定位。视频的风格，可以是

图2－12 卫龙辣条账号截图

娱乐搞笑类，可以是严谨专家类，可以是清新呆萌类，可以是粗暴个性类。比如笔者的抖音分享营销，就相对严谨，越严谨越有专家范。抖音里“老丈人说车”（图2－13），是通过娱乐搞笑的风格，讲解与汽车有关的专业知识。抖音是以音乐、舞蹈、娱乐、情感为核心内容的短视频媒体。和音乐、舞蹈、娱乐、情感有关的风格内容，都可以快速积累粉丝，如图2－14所示。建议大家在风格定位上，可以迎合这五大风格。

（3）视觉定位

内容定位好，还需要对整体的视觉系统进行定位策划。任何品牌都会在顾客心中留下品牌印象。除了文化、基本知识之外，品牌印象最重要的是视觉符号。

比如说起“茅台”，你的大脑中除了酱香品类、茅台的历史、文化、茅台的制作工艺、茅台的高端印象，大脑中一定有一个重要的色彩记

图 2－13　老丈人说车页面截图

图 2－14　抖音高播放量视频风格

忆——经典的白色茅台瓶，以及红色的外观。洋河就和茅台完全不同，是蓝色的瓶身和外观，如图 2 – 15 所示。

图 2 – 15 茅台、洋河视觉符号

香蕉是黄色，黄瓜是绿色；番茄是圆形，豆角是长条；泥鳅和鲫鱼完全不同，石头和树木完全不同。这就是品牌印象。短视频内容，除了声音，就是视觉。视觉第一，声音第二，因此必须给自己设计清晰的视觉定位，在文字、视频封面、视频主背景颜色、主演、内容上，聚焦定位，专业设计，才可以在粉丝心中快速留下独特的品牌印象。

我们拿餐饮美食账号举例，如图 2 – 16 所示，从左到右，这三个账号

图 2 – 16 三家餐饮美食账号截图

的粉丝依次是：1167.6 万、709.7 万、405.7 万。粉丝数量上，贫穷料理 > 喂谷美食记 > 大师的菜。从视觉的美观度、设计的专业度、外观的整洁度上来说，依然是贫穷料理 > 喂谷美食记 > 大师的菜。所以，视觉内容定位越精准，呈现的素材越专业、精致、统一，账号的吸粉速度越快。

2. 原创度

抖音账号五大评判标准第二是原创度。任何媒体平台都鼓励原创，抖音更不例外。有些人从别人的抖音里复制信息，然后转发到自己的账号里。由于不是原创的视频，抖音不会轻易给你分配流量。山寨抄袭别人的原创内容，会很容易被举报。抖音对被举报的账户会进行流量封杀。

很多人创意能力有限，不知道怎么原创，认为复制来得快。实际上，即使是仿制、复制别人的视频，也要加以改造，加入自己的原创内容和风格，做出符合自己调性的视频。在抖音里，“转发比原创火”的视频比比皆是，核心在于改造。天下文章一大抄，看谁抄得好不好。很多时候我们都会借鉴别人的观点和内容，只要改造得好，仿制也会很优秀。

笔者有一个抖音视频，分享的是笔者家楼下小区超市的营销案例，点赞量只有 6485 人，而一个南京的公司人员转发了这个视频，点赞量竟然突破 141 万。这个账号原先粉丝只有不到 1 万人，结果一晚上粉丝增加了 25.9 万。这就是原创不火的经典案例（图 2－17），对方只是把背景换了一下，声音和内容全是笔者的，竟然“也算原创”了。所以，对于抖音的原创，大家要有更直观的认识。别怕模仿和复制，关键是要有创新元素。

3. 健康度

第三个评判标准是健康度。

2019 年 2 月 24 号，笔者发布了一个郑州皇家一号的营销案例。这家会所因为涉黄被封，严重违法。不过，当初的惩罚手段非常惊人，由于视频分享之后被抖音检测到含有涉黄相关信息，视频被限流。后来笔者去掉了“皇家一号”四个字，又发布了一次，结果更惨：不只是本视频被限流，整个账号都被抖音限流。可见抖音对健康度有多么重视。

2018 年 4 月 10 号，国家广电局责令今日头条永久关停“内涵段子”

图 2－17　笔者家楼下小区超市的营销案例视频与转发账号截图

（图 2－18）。因为内涵段子含有“低俗、导向不正、网民反感”的内容。明示头条系下“抖音”“西瓜小视频”等也应当进行新一轮更为严格的自查自纠，抖音自然对健康度更加关注和重视。

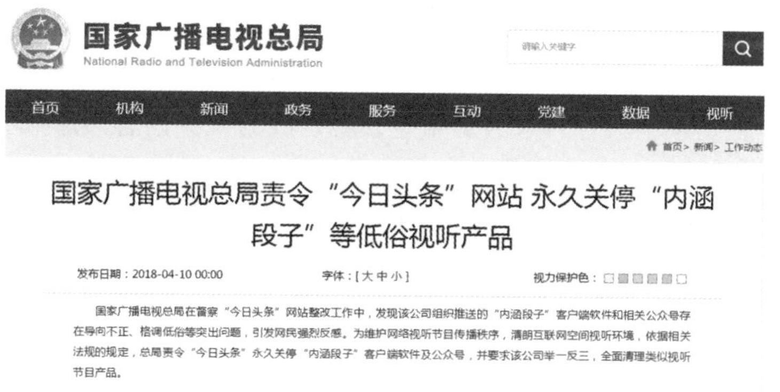

国家广播电视总局
National Radio and Television Administration

首页　机构　新闻　政务　服务　互动　党建　数据　视听

首页 > 新闻 > 工作动态

国家广播电视总局责令“今日头条”网站 永久关停“内涵段子”等低俗视听产品

发布日期：2018-04-10 00:00　字体：[大 中 小]　视力保护色：

国家广播电视总局在督察“今日头条”网站整改工作中，发现该公司组织推送的“内涵段子”客户端软件和相关公众号存在导向不正、格调低俗等突出问题，引发网民强烈反感。为维护网络视听节目传播秩序，清朗互联网空间视听环境，依据相关法规的规定，总局责令“今日头条”永久关停“内涵段子”客户端软件及公众号，并要求该公司举一反三，全面清理类似视听节目产品。

图 2－18　永久关停“内涵段子”的新闻截图

无独有偶，2019 年 2 月，咪蒙（新媒体行业极具影响力的媒体平台）的微信公众号、抖音账号、凤凰网等媒体账号，被永久关闭。正是因为咪蒙发布的相关信息，包含太多丧文化、污文化、毒鸡汤、贩卖焦虑、骗取流量的行为，如图 2－19 所示。

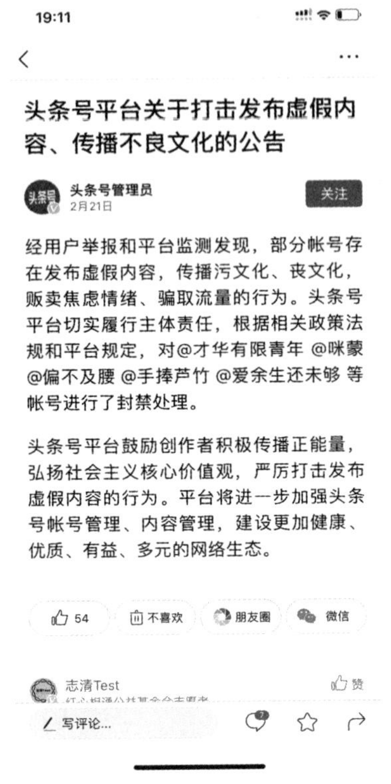

图 2－19　咪蒙相关账号被永久关闭的公告

作为视频行业的领头羊，今日头条自然长了教训，新平台对内容的审核更加严格。早期抖音封杀的嘟嘟姐，就是因为视频内容形象和抖音支持的方向不一致，被抖音禁封。袒胸露乳、文身刀具、骂人诅咒、鬼怪血腥、丧文化、负能量，这类视频都是非常不健康的。如果你想凭借色情、低俗、暴力等内容上位，绝对行不通。要创造更为健康的内容才会被推荐。

4. 活跃度和互动度

我们把这两个评判标准放在一起讲解，主要是活跃度和互动度相辅相成。活跃度和互动度，指的是在一定时间段内，涌进来的粉丝数量、点赞数、评论数、完播率和互动频率。

除了抖音分配的流量外，视频被转发的数量多少，作者和粉丝的互动

图 2－20　嘟嘟姐视频截图

交流程度，以及粉丝与粉丝之间的交流数量和频率，决定活跃度和互动度的高低。

另外，评论区的信息被再次点赞和评论，也是增加活跃度和互动度的核心。作者的回复速度、频率，也关系着活跃度和互动度。

这和微信公众号运营原理相同。一篇公众号文章，阅读量高低，一方面是看原有粉丝的阅读量；另一方面是看被转发后陌生粉丝的点击量。视频内容和图文内容一样，只要对粉丝有价值，自然会被粉丝转发。每一个粉丝的转发，都会带来新的用户。

很多企业开通抖音视频之后，立即分享广告视频，账号的权重就很低。大家看到广告自然不会转发，也懒得评论。没有互动度，自然没有活跃度，没有流量推荐。所以，广告要软性植入，要拍得更有创意。

笔者那个阅读量 1340.5 万的视频，点赞量就高达 31.6 万，评论数量高达 6367 条。其中，评论区的优质评论，被再次点赞，数量超过 3.2 万，跟踪评论超过 263 条。当粉丝不断在该视频交流互动时，视频的活跃度和互动度得到空前加热，会被抖音放到更大的流量池，获得更多粉丝、点赞和评论。

图 2－21　作者视频页面的读者互动截图

抖音视频的完播率，指的是视频被观众完整看完的比例。完播率和视频的长短、内容的精彩程度相关。如果内容不够精致，观众看不完就会刷掉，视频被推荐的概率就会降低。另外，视频尽量压缩，最佳时段是 30～40 秒。

很多人开通了一分钟视频，恨不得把这一分钟完整用完。其实，适当短一点完播率会提高很多。另外，抖音的 5 分钟长视频当粉丝到达一定比例后也会开通。但是如果内容不够精致，5 分钟视频的完播率会更低。

以上五点是账号权重和视频优劣的评判标准，长期坚持上述定位，账号的权重会越来越高，视频也会获得抖音更多的流量倾斜。但是，这个过程并不是一蹴而就的，需要坚持。短则十天，长则几个月，想玩转抖音，要有耐心，不要“三天打鱼两天晒网”。

第三章

抖音矩阵的运营思维

什么是媒体矩阵？其实就是一个人或一家公司同时运营多个媒体账号的运营模式，也称为群狼战术。

现在媒体的碎片化现象严重，想更好地传播品牌，就必须具备矩阵思维，全媒体布局。BAT公司（百度、阿里巴巴、腾讯）更是非常注重媒体矩阵的布局。

阿里巴巴战略投资的媒体有：微博、爱奇艺、优酷、今日头条、抖音、火山、西瓜视频、皮皮虾等。

腾讯打造的媒体帝国有：QQ、微信、微视、腾讯新闻端等。

无论是什么样的媒体平台，企业都可以采取这种方式进行运营。这就好比招标时的围标策略。为了拿下标的，提高中标率，很多企业会采取多个公司、多个品牌同时竞标的策略。用群狼战术进行围标，对竞争对手进行干扰和围堵，自然会提高成功率。

一、建立抖音矩阵的两大目的

1. 最大化抢占行业媒体资源，实现垂直领域的小型垄断

当然，大企业有大企业的战略，小个体有小个体的玩法。

2015 年笔者创办了一家快消品媒体公司——纳食（2018 年卖掉），当时面临的最大竞争对手是中国快消品行业的领导媒体《糖烟酒周刊》。这家媒体成立时间已有 20 余年，是河北报业集团的下属公司，是一家国企。

为了把中国快消品行业粉丝整合到自己的新媒体“快消品经销商”，我们注册了一系列的关键词公众号，如图 3 – 1 所示。

快消品公众号媒体矩阵

微信公众号矩阵：快消品经销商、超市便利店、经销商、进口食品经销商、食品互联网、酒商网、酒闻联播、销售员、农业网、批发代理商、食品行业网、食品经销商、休闲食品微刊、业务员、调味品微刊、快消品专业咨询管理、饮料微刊、零售业、糖烟酒、儿童食品、食品指数……

图 3 – 1 纳食公众号媒体矩阵

运营公众号媒体矩阵初期，我们先梳理出快消品行业的大类目和细分品类，提炼出行业关键词，作为账号名字使用。每一个关键词账号，内容完全垂直，只吸引垂直粉丝。粉丝积累到一定程度，公司将所有的账号粉丝，迁移到

“快消品经销商”（后更名纳食）上，最终打造了食品行业最大的粉丝平台，成了快消品行业的门户。这就是微信公众号媒体矩阵的典型应用。

当然，为了全媒体布局，除了微信公众号之外，我们还布局了更多的其他媒体平台，形成了全媒体的矩阵，如图 3－2 所示。

图 3－2　纳食全媒体的矩阵：图文媒体矩阵、视频矩阵

在我们的媒体矩阵冲击下，糖烟酒周刊也不敢小觑，对我们非常警惕。后来，我们的粉丝数量远超这家媒体，新媒体的广告效果也超过了它。最终，我们打造的媒体平台成了行业型的超级垂直媒体，让其他竞争对手望而却步。

2. 最大化抢占定位资源，抢夺精准粉丝

铺天盖地都是你的信息，无孔不入，自然形成品牌的“洗脑”效果，可以快速、深远地影响潜在客户，积累精准粉丝。

我们来看一下抖音里两位培训讲师的矩阵操作。搜索关键词，可以看到很多账号都和这两位讲师相关，如图 3 – 3 所示。笔者点开了几个账号，发现粉丝都是几万、几十万，甚至上百万。这些账号的粉丝，全部加在一起，是非常庞大的数据。这么多账号，每天同时发布同一老师的内容，传播力自然非常惊人，吸引的粉丝也非常精准。

图 3 – 3　两位培训讲师的矩阵操作

杭州的果果家服饰，就布局了多个抖音账号。笔者截取了四个账号的粉丝数量（图3－4），分别为145.1万、50.7万、41.7万、74.9万。这四个账号的粉丝累计数量高达312.4万。获赞数量分别为842.9万、325.6万、264.8万、415.1万，累计获赞数量为1848.4万，预计总传播量在2亿人次以上。

图3－4 果果家服饰矩阵布局

通过抖音矩阵的运营，大量粉丝被引流到淘宝店铺进行转化，果果家淘宝店铺的粉丝关注数量高达1064万（图3－5）。这么大的关注量，实际产生的营销价值大家可想而知。在传统服装店生意艰难的环境下，果果家服饰利用抖音矩阵，成功引流精准粉丝，批量营销，非常值得借鉴学习。

而且，同时运营多个账号，基本上定位和调性相同，内容相差不大，创作团队很容易批量制作，也会节省大量成本。一位摄影师朋友告诉笔者，单独拍摄一部短剧的成本较高，但是同时大批量生产多部同类型短剧，就非常简单，成本也会降下来。因为演员、摄影师、设备和道具租赁，都是按天收费，一天内拍摄一部短剧和多部短剧成本是一样的。

其实，不论你做任何产品或服务，都可以采取矩阵思维。但最终还是要考虑团队的专业度、财力、能力、精力和时间。如果一个账号还没研究透，还没搞明白，建议还是聚焦，专注做好一个号。不要狗熊掰棒子，捡了芝麻丢了西瓜，最终什么都做不好。

当然，实力允许，一定要布局媒体矩阵。抖音有时候会对发布广告的账号进行限流，好不容易运营的大号，一旦被限流，基本上就废了。鸡蛋不要都放在一个篮子里，媒体矩阵刚好可以规避运营一个账号的风险。账

图 3-5　果果家服饰淘宝店铺截图

号很多，被限流一个账号，也不会损失太大。但是如果你只有一个账号，就必须乖乖地听“抖音规则”的话。

媒体矩阵的运营，也是移动互联网环境下，非常不错的投资方向。

二、企业抖音矩阵布局策略

抖音矩阵的目的，是利用不同的账号、不同的内容，吸引具有相同需求的精准粉丝。虽然账号不同，但是视频内容都和产品息息相关，吸引的粉丝都有同类的需求和爱好，自然很容易营销转化。

1. 抖音相关账号的媒体定位

布局媒体矩阵第一步：要确定抖音相关账号的媒体定位，布局哪些账号，这些账号都要分享什么内容。一般情况下，我们可以通过如下两种方式确定媒体定位。

（1）通过行业及产品相关的关键词，确定媒体定位

可以通过头脑风暴，找出与行业相关的关键词。以红酒为例，假如你想布局和红酒有关的抖音矩阵，首先要找出和红酒有关的关键词。可以借助百度指数（图3－6、图3－7、图3－8）、微博指数、微信指数等工具，搜索红酒关键词，找到相关的图谱，进而分析网民对品类最关心的地方。

我们会发现，大部分网民更关心的是：红酒都有哪些品牌，开瓶后能放多久，红酒的好处，温泉和牛排。所以，在布局账号时，可以围绕这些内容确定定位，会更容易吸引粉丝关注。

针对“红酒都有哪些品牌”，可以布局一个专门讲解世界红酒布局、历史和销售情况的账号，比如抖音案例“二姐说酒”。

针对“开瓶后能放多久”“红酒的好处”，可以布局一个专门讲解红酒饮用知识的账号。比如抖音案例“先锋葡萄酒学院”“葡歌红酒”“醉鹅娘”。

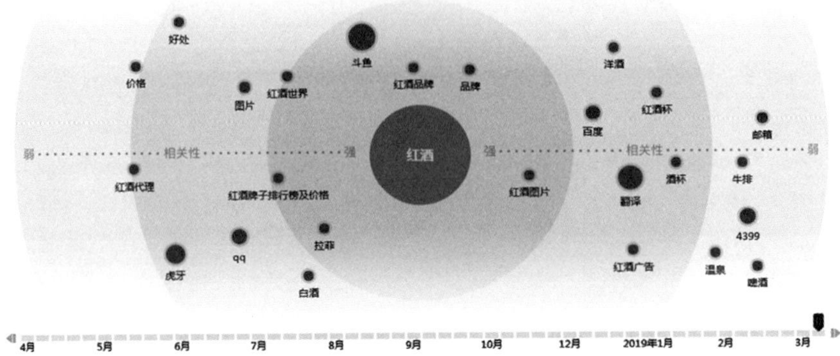

图3－6　百度指数中“红酒”的关键词需求图谱

相关性分类

来源相关词	相关度
1. 红酒品牌	
2. 拉菲	
3. 品牌	
4. 红酒开瓶后能放多久	
5. 多久	
6. 白酒	
7. 温泉	
8. 斗鱼	
9. 牛排	
10. 奔富红酒	

图3－7　百度指数中“红酒”的搜索来源关键词

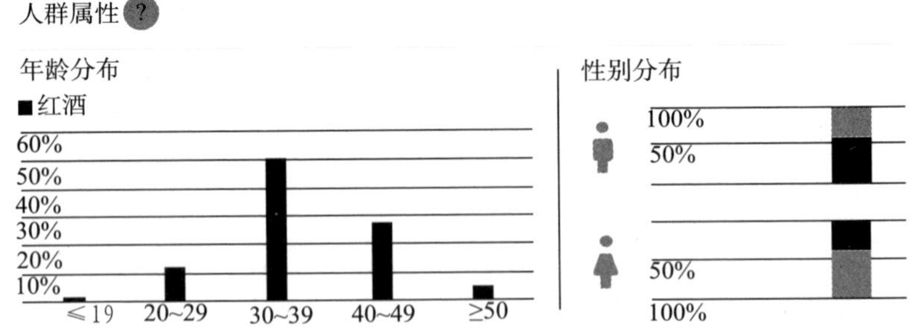

图3－8　百度指数中“红酒”的人群属性

关于“温泉和牛排”，可以布局红酒与牛排、红酒与温泉相关的生活场景、心灵鸡汤、绝美风景、情感类短剧等媒体账号。比如抖音案例“杜子建”，杜老师分享的视频多是正能量内容，其实他的店铺里一直在销售红酒。

（2）借鉴成熟媒体号的定位

一些成熟的媒体都有相对成熟的垂直栏目和媒体账号，对于较好的媒体类型，可以直接借鉴模仿。这种媒体定位的方法相对快捷。

比如微博、微信公众号，就是相对成熟的新媒体平台。通过微博搜索红酒关键词，可以查看到相关微博账号和公众号（图3－9），企业根据自身的定位，直接借鉴布局方向即可。图3－10为用搜狗浏览器，搜索“红酒”相关微信公众号。

图3－9　微博搜索“红酒”关键词，在“找人”处查找相关微博

图 3-10　用搜狗浏览器，可以搜索到“红酒”相关微信公众号

2. 组建专业团队

矩阵不是一个人可以操作的，需要专业的团队。抖音是视频内容，其实就是竖版电影。专业玩家，背后的团队是电影剧组。一个完整的电影团队，包括：策划人、制片人、编剧、导演、摄影师、美术师、化妆师、造型师、视效总监、后期制作人员如配音师、剪辑师、特效师、广宣等。

企业如果实力允许，可以组建这样的出色团队，创作的内容自然是其他竞争对手无可匹敌的。但是成本很高，发展初期不建议这样做。如果想拍摄专业的视频内容，更简单的方式是外包给专业团队。

制作大部分的视频内容，可以组建一个既省钱又实效的视频小团队。给大家推荐一个精简的抖音制作团队配置，包括：编剧、导演、演员、摄影师、剪辑师、账号分发与维护，6 个工作岗位。最少可以为编剧、摄影师、剪辑师 3 个工作岗位。如果遇到神剪辑，又能策划，又能摄影，还会剪辑，一个人足以。

导演：是整个视频工作小组的管理者，负责协调各种拍摄、剪辑等执行工作。

编剧：主要工作是策划视频的拍摄方向和内容。

摄影师和剪辑师：主要负责视频拍摄和视频的剪辑。

账号分发与维护：主要是多个账号的内容上传、账号维护。

演员：是内容的呈现者。很多企业为了节省成本，演员直接就是视频团队的员工，或者老板自己。

现在手机、软件、摄影辅助设备（比如云台）非常多，操作也相对简单，让视频拍摄变得非常轻松。企业的抖音团队，只要策划思路不错，掌握一定的拍摄技巧，后期剪辑到位，都可以做出出色的视频内容。抖音的视频长度一般是 15 ~60 秒，如果团队磨合到位，一段工作时间内，完全可以创作大量的作品，足够支撑多个抖音账号。

第四章

竞争定位与账号设计

随着抖音的发展和普及，竞争对手会加入抖音的阵营。越来越多的账号分享同类型的内容，自然会迎来泛滥的竞争。抖音号本身就是产品，不管你做什么类型的账号，都会面临数不清的竞争对手。

在抖音里，每一个账号都像是立足在茫茫的草原。因此一定不能成为普通的小草，淹没在草丛中，毫无特色。你必须是一颗巨大的树木，或者一头猎豹、一只小鸟，或者一朵美丽的花朵、一条瀑布，才能脱颖而出，获得人们的关注。如果大家都是小鸟，你就要继续细分：是一只鹰、一只乌鸦，还是一只百灵鸟，无论如何你都要与众不同。

我们以服装行业为例，深入讲解。

广东费爷服饰分享的是创始人的生活场景细节（图4－1）。摄影师拍摄她生活中走路、应酬等各种场景细节，通过慢动作、炫酷音乐等剪辑设计，展示费爷服饰的利落、个性。杭州果果家服饰则分享不同模特在不同生活场景中的视频（图4－2）。这两个案例，都是以产品的实际使用场景做内容定位。

广州解忧服装贸易则通过拍摄和服装店有关的情感故事片，吸引粉丝（图4－3）。抖音的用户多半是年轻女性，对情感类短剧很感兴趣，这种方式吸引粉丝的速度较快。解忧服装店只上传了4个作品，粉丝就高达38万。但是要拍摄出高质量的视频，对策划、创作、拍摄等要求较高。

灵子服装搭配师则通过专业分享服装搭配技巧，吸引目标客户（图4－4）。观众可以在灵子这里学习专业的服装搭配经验，自然慢慢被灵子影响。灵子的商品橱窗里可以上传相关产品，就可以营销转化。

因此，打造抖音账号之前，一定要了解竞争环境，了解对手，制定差异化的竞争策略，方能打造出与众不同的账号。

图 4－1　费爷服饰页面截图

图 4－2　果果家服饰页面截图

图 4－3　解忧服装贸易公司账号截图

图 4－4　灵子服装搭配师页面截图

一、充分了解对手，找准行业痛点

互联网时代，竞争环境瞬息万变，创业要遵循“人无我有，人有我优，人优我转”的经营理念。竞争对手没有时，我创新我有。竞争对手也有的内容，我比它做得精致、做得漂亮。竞争对手也漂亮也精致时，我转型做其他内容和风格。这句经典智慧，同样适用于抖音。

笔者在玩抖音之前，就对营销型抖音账号做了大量调研工作。在抖音里，有很多讲师主讲营销内容。

通过抖音搜索功能，笔者专门抽出一周左右的时间，把所有能查到的讲师和阅读量较高的营销内容，全部整理出来，进行归类。甚至把之前所看过的营销书籍，所了解的国内营销专家，都逐一研究分析。

笔者发现大部分讲师主讲的销售技巧都是点性知识，不具备系统营销实力，比如成交话术、拓客技巧、谈判技巧、演说技巧、沟通技巧等，或者餐饮销售技巧、服装店销售技巧等行业细分。传统营销的账号一般都是老专家吃香，新手粉丝较少，而且基本上没什么新意。但是有一些主讲电商、抖音营销、微商等新营销知识的账号，虽然不具备系统营销实力，但是粉丝增长较多。

通过调研笔者得出结论：很多粉丝希望学习营销知识，更希望学习系统的营销知识。尤其是全新的移动互联网营销，大家期待能有这么一个账号出现。于是，笔者给自己提炼了一个头衔“中国移动互联网营销导师”，锁定新营销的竞争定位。为了迎合营销粉丝的需求点，笔者提炼了一句引导关注的广告语，“关注我，学习系统营销”，并放在视频的最后。因为定位精准、差异化明显，笔者的账号 3 个月内获得了 36 万精准粉丝。

二、结合自身特长，提炼传播焦点

提炼传播点时，不要盲目定位，提炼的聚焦点必须和自身实力相匹配，要结合自身的特长。

给大家分享一下自己的营销经历：

1. 销冠经历

笔者做过物流专员、厨师、保安、工人、捕鱼手、记者等 17 份工作，积累了大量丰富的社会经验，后来长期专注营销工作，大学未毕业便做到知名公司副总，毕业第一年便做到公司总经理。笔者拥有 13 年营销实战经验，始终为所属公司的销售冠军。

2. 微商导师经历

2013 年，接触微信营销。和国内百位微商导师形成培训联盟，培养微商团队 3000 余人，学员创造的最高年度纯利高达 4700 万元。

3. 微信营销经历

2014 年，利用一个微信，一年时间快速整合了 103 万食品经销商，颠覆整个快消品行业。3 个月时间超越了成立 20 年、拥有 400 名员工的国企媒体，在快消品界创造的影响力及粉丝数量全国第一。

帮助北大荒、汇源、江中等知名企业策划爆品，打造出了多支年销量 1 亿元以上的大单品。

4. 新媒体经历

2015 年，利用互联网思维，2 年时间将之前的公司（纳食），打造成中国快消品行业最大的新媒体平台，拥有精准粉丝 103 万人，为食品行业搭建了一个快速营销平台。

5. 抖音营销经历

2018 年 12 月，在卖掉纳食后，笔者开始研究抖音。短短两个月，积累垂直的精准粉丝 36 万人，帮助 12 家公司借助抖音快速盈利，最高月销量高达 933 万元。

所以，定位“移动互联网系统营销”，刚好是笔者最擅长的领域。有的粉丝刚开始学习，也开始模仿笔者，也借用笔者的定位。可惜名不副实，很快会“露馅”，粉丝自然不会关注，即使关注了，也会离你而去。

很多粉丝问笔者，如何才能做出这样的专业号。其实，技能技巧类账号，最核心的是主讲人要具备足够的专业知识，能够持续输出专业内容，能够在众多专家里独树一帜，有自己的特长领域。如果你并无特长，不建议如此定位，可以考虑其他方向。

在抖音里，人人都是自媒体，每个人都可以通过巧妙地定位，将自己打造成领域明星。如果不具备某方面的专业知识，又不得不做此类账号，可以边学边分享。

比如你对营销不懂，但是可以边学习边分享。学的多了，分享多了，自己慢慢就成了专家。有条件的企业，也可以通过招聘专业的团队，进行专业型账号的打造。

三、抖音账号的专业设计

如何评判一个账号的专业度？如何让抖音更具公信力？如何给粉丝快速留下专业的印象？所有的答案，都要回归到抖音账号本身的设计。

抖音的名字、头像、个性签名、背景图、持续输出的视频内容、互动交流，这 6 大核心内容都要符合定位认知。要通过头衔的提炼、账号的装修、内容的创作，将定位坐实。

1. 如何起抖音名字

抖音的命名和抖音的定位息息相关。抖音命名要严格遵循以下 6 大命名原则：

（1）起名字一定要通俗易懂

不用难写生僻的字，最好使用生活中常见的字，容易被记住，最好是输入法能够直接打出的字词。比如有人给自己的孩子起名为王龘，笔者想没几个人能直接读出龘这个字。而小米、拼多多、瓜子就是非常好记的名字。

（2）起名字最好用开口音

比如伊利、美团、华为、格力。读字时，嘴巴要微微向外张开，就是开口音的字，这样的名字好听，非常利于传播。抖音里拥有 3425 万粉丝的“陈翔六点半”，名字就是开口音。名字字数虽然多一点，也是很容易记忆的。

（3）名字的联想要积极正面

深圳的宝安机场原先的名字是黄田机场。很多人听起来会误以为是“黄泉”机场，非常吓人，影响生意，后来才改成宝安（保护安全）机场。有一些人给自己的孩子起名字，结果名字的联想不好，让孩子备受折磨，比如郝健、杨威、陈漠、倪好等。

（4）名字不要和品类产生误解

比如小米手机，就不会产生误解。但是小米蛋糕，消费者就会认为蛋糕是用小米做的，就会产生品类误解。

（5）名字必须确保能够注册商标

恒大冰泉一直到2016年8月还处于“商标异议中”，差一点闹了大乌龙。

江西有一家上市公司恒大高新技术股份有限公司（股票代码：002591），早在2009年就拿到了“恒大”的驰名商标。按照中国的商标法，“冰泉”是通用词，如果“恒大”已经是江西恒大高新的商标，许家印是很难注册“恒大冰泉”的。如果商标不是自己的，60亿元的市场费用就自然打了水漂。

2014年10月15日，江西恒大高新发布公告，正式起诉恒大长白山矿泉水有限公司商标侵权。恒大集团与江西恒大因为商标，全面开战。历经4年厮杀，虽然恒大集团最终拿到了“恒大冰泉”商标，却非常的惊险。

所以，商标必须确保能够有效注册，起名字一定要有法律保护意识。笔者遇到过一位做烧鸡的专家，他的爷爷是滑县道口烧鸡的祖师爷张炳。他也是非物质文化遗产传承人，但是由于早期不懂商标保护，家族祖传的商号名字被一位学徒注册了商标，可惜又可恨。

随着运营的抖音粉丝越来越多，你的账号名字会越来越值钱。一定要提前筹划好，做好商标保护。

（6）名字背后的寓意，有时并不如好记重要

比如蚂蚁金服、瓜子二手车、毛豆新车网、盒马鲜生、哔哩哔哩、天猫、苹果、小米等，就是好记，这些名字和产品业务的关联性本质上并不大。

在抖音上，个人账号可以直接叫自己的名字，比如笔者的就是“刘大贺”。或者是带上专业领域关键词，比如“老周教你卖东西”“时间管理司马腾”。

知识技能类账号，可以考虑用关键词命名，比如管理智慧、定位、书单、品牌大讲堂、MBA 等。娱乐情感类的账号名字，可以更加多元化，怎么有趣，怎么能体现内容的调性，怎么来。比如钟婷 XO、七舅脑爷、多余和毛毛姐。但是整体上也要符合命名的 6 大原则。

2. 抖音的装修设计

抖音的装修主要是指头像、背景墙、个性签名、视频内容四大设计。进入账号主页，粉丝会通过查看你的抖音账号，对你产生第一印象。印象好，粉丝就会关注你。印象差，粉丝就会溜之大吉。因此，抖音的装修设计非常关键。

（1）头像设计

头像如果是个人，就用自己清晰的图片即可，要美观或个性。

如果是公司，可以直接用 logo、公司品牌名字或能够代表公司形象的照片。

如果是产品，可以直接是产品照片。

如果是通过内容吸引粉丝，曲线营销的账号，就要根据账号的定位，确定适合的头像符号。

图 4 –5 中的“好物精选”（菠萝头的菠萝）的账号，就设计了一个独特的橘黄色的图形符号，作为头像。而更多的账号，选择使用个人照片做头像。图中“刺激战场明加”的账号，则用了一个动漫人物作为自己的头像。“杜子建”就是个人的写真。

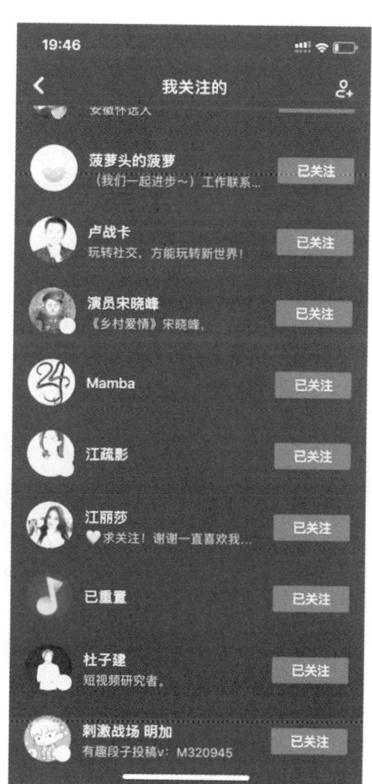

图 4 –5　头像设计案例

头像的主要目的是让粉丝能够清晰地记住你，因此不要经常更换头像，选中后尽量长期使用，形成持久的品牌印象。另外，抖音的界面背景是黑色，选图片颜色时要注意颜色对比，尽量色差大一点，更能彰显头像。如果是个人照片，尽量找专业的摄影师拍一套写真。如果是 logo 或产品，尽量颜色亮丽，色彩突出，让专业设计师设计一下。

（2）**背景墙的设计**

背景墙是指，点进账号主页最上面的一张图片。比如下面两个案例：“时间管理司马腾”的头像上面是四个时间图和七个汉字（时间管理司马腾），如图 4－6 所示。“西安美食达人圈”的背景墙，则是一个文字图片“这个是啥你点下试试”（图 4－7）。

图 4－6　时间管理司马腾背景墙

图 4－7　西安美食达人圈背景墙

抖音背景墙的位置，有点类似微信朋友圈的头图。不过，抖音背景墙的重要性，要比微信朋友圈头图的重要性强。因为微信朋友圈的头图（图 4－8 画圈部分）是点开微信账号的头像后，再点击朋友圈（图 4－9），才能看到。而抖音的背景墙，在进入抖音账号后，直接就能看到。

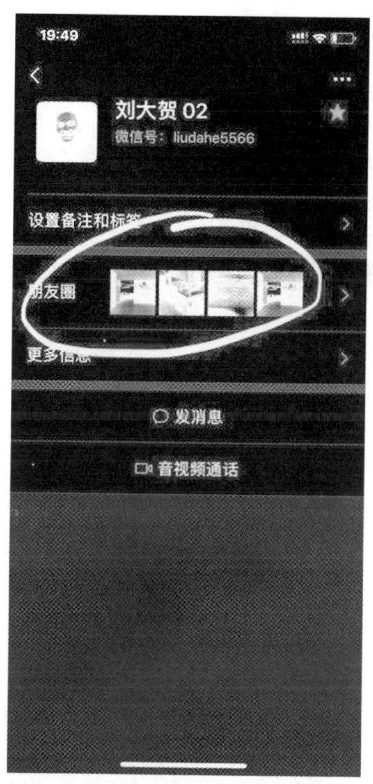

图 4－8　微信朋友圈的头图

图 4－9　朋友圈截图

所以，尽量找一个好一点的平面设计师设计一下，细节见专业。如果你没有合适的设计师，可以在网上寻找兼职的设计师，非常方便。当然，设计成什么样的内容，还要看账号的定位。设计元素必须和定位相关联。

（3）**个性资料设计。**

在账号头像的下面，是抖音号的位置。抖音号和微信号类似，是为了便于朋友搜索到你。抖音号是一串数字、拼音的账号（图 4－10），你可以修改成自己容易记忆的内容，但是只能修改一次，修改之后无法更改。所以，一定要慎重。

如图 4－11 所示，在头像右边的“编辑资料”里可以找到修改入口。尽量只用拼音、数字（图 4－12），不要加一些特殊的符号，比如“－”“～”“/”等。如果你的抖音号太复杂，别人用抖音号搜索你时，输入字

图 4－10　抖音号示例

符非常困难，很难快速精准找到你。

图 4－11　抖音号修改入口

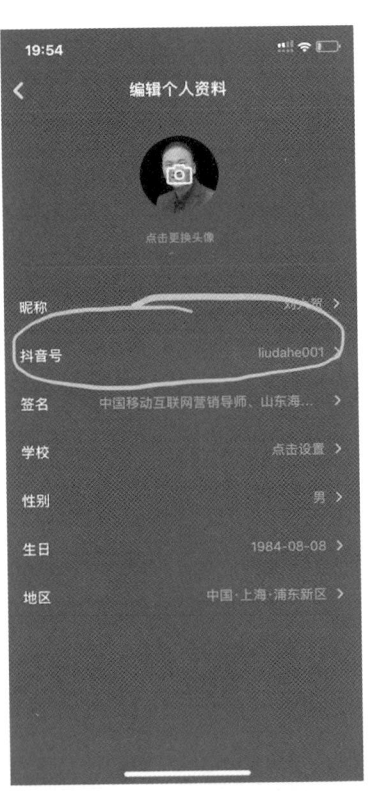

图 4－12　抖音号修改位置

如图 4－13 所示，在商品橱窗下面，有一行灰色字体，就是个性签名。笔者的个性签名写的是个人头衔和联系方式。个性签名可以在头衔右边的

“编辑资料”里修改（图4－14）。

图4－13　个性签名展示位置

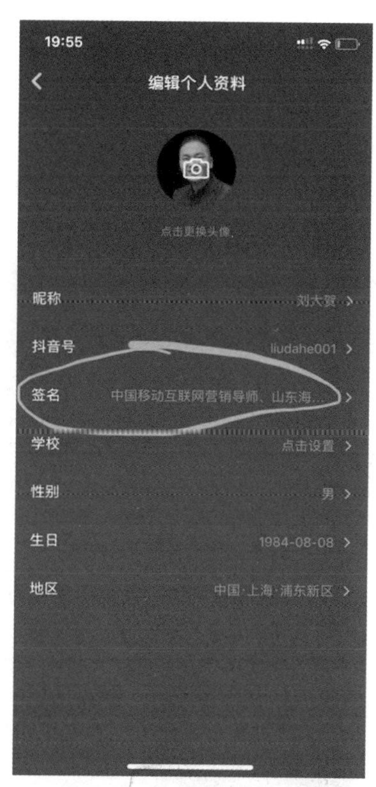

图4－14　个性签名修改位置

不出名时要为自己增加信任背书，要给自己提炼头衔和卖点。只要抖音允许，像“非物质文化遗产”“驰名商标”等能够增加个人及产品权威性的内容，都尽量打上。个性签名能够输入的字符，总计最多40个字，内容上建议包含“头衔、信任背书、联系方式”三项。

笔者曾经在某知名的培训公司做过多年助教，主要负责推广课程。为了让企业家感觉讲师专业，需要对讲师进行专业包装。包装讲师最重要的技巧是找出老师在某领域中的全国第一，比如中国人才鉴评第一人——龙平，打工皇帝——唐骏，亚洲激励天王——于大城。其次是找出讲师的信任状，就是与专家相关的权威的公众认知链接。比如全球慈善基金总会礼仪顾问——王雅波，WTO中国谈判代表——龙永图。笔者的信任状是“中国食品报品牌研究院理事、山东海洋大学创新创业导师”等。

头衔和信任状，是提升个人权威的法宝。当然，产品、品牌、公司，也是一样，也需要提炼出独特差异点，罗列出权威的信任背书。头衔和信任背书所带来的权威感，可以让陌生粉丝对你快速产生信任。当然，如果内容足够好，粉丝足够多，就不需要什么头衔了。像图 4－15 这样的千万级粉丝账号，就只有个人微信和商务合作微信。

图 4－15　千万级粉丝账号个性资料设置

图 4－16　抖音认证通道

3. 抖音认证介绍

抖音和其他媒体一样，为了帮助账号增加权威性，提供了三个认证通道：企业认证、个人认证、机构认证。在抖音的“设置－账号”与“安全－申请官方认证”可以看到。

认证后的账号，个人认证会有黄色的星标，企业和机构认证会有蓝色的标记（蓝 V），如图 4－17 所示。星标会给人一种“官方认证”的背书，更容易获得粉丝信赖。

图 4－17　企业和机构认证示例

一般情况下，公众人物、领域专家和网络名人（粉丝超过 1 万）的个人账号，多采用个人认证（图 4－18）。只要发布视频≥1 个，粉丝量≥1 人，绑定手机号，即可申请。

抖音的企业认证和机构认证，也被称为抖音蓝 V 认证，有明显的身份识别，能够体现平台的背书，提升品牌形象。企业认证适合企业开通，机构认证适合媒体、国家机构、其他知名机构开通。

开通认证好处多多，主要分为三大类：

（1）**具有专属 V 型标识，并且昵称会置顶。**

开通蓝 V 之后，会得到官方蓝标认证，头像右下角会有一个明显的蓝色对号，会让粉丝感觉这个是官方账号，更加信赖。比如搜索“鸡十三”，会出现很多类似的同名账号，但是第一个认证的账号置顶排在最前面（图 4－19），粉丝会更加信任这个账号。

（2）**具有外链跳转、联系电话功能。**

开通蓝 V 之后，就具备了外链跳转和联系电话功能。外链跳转可以直接跳转到公司的官网或者 H5。如图 4－20 企业账号的“优惠活动”，就是外链。

图 4－18　个人认证示例

图 4－19　鸡十三认证置顶

图 4－20　企业认证后的外链功能

点击官方电话之后，就直接跳转出电话号码。如图 4－21 所示，点击武汉黑鸭账号的“联系我们”，就直接出现公司联系电话，意向客户可以选择直接呼叫。这样非常便于企业营销转化。

图 4－21　企业认证后的联系电话功能

（3）**营销型视频内容，不会被过度打压。**

很多朋友反映自己的账号有几十万甚至上百万粉丝，突然之间被封了，或者被严重限流。如果不是违背了抖音的视频发布规则，一定是视频带有明显的营销广告性质，属于营销型视频内容。

对认证后的账号发布的营销型视频内容，抖音的管理目前相对宽松，还未出现过度打压现象。所以，现在做抖音电商，是非常棒的红利期，认证蓝 V 是抖音电商的关键。但是，认证了蓝 V，同样要遵循抖音的规则，有优势不代表有特权，做营销还是要老老实实做种草内容，远离硬广。

（4）**抖音为实体店提供了丰富的店铺营销功能。**

实体店营销最难的两点：一是实体店很难进行线上引流和传播，二是消费者很容易利用手机进行线上比价。抖音的店铺营销功能为实体店提供了丰富的营销工具，尤其是 POI 地址和热门话题功能。

越来越多的线上用户通过一种叫作 POI 的营销工具找到门店，并顺利转化为实体店的消费者或“线上品牌推广官”。POI 全称为 Point Of Interest（兴趣点），通过 LBS 定位技术，使用户发布视频可以挂上门店的 POI 地址。用户发布视频的时候，可以直接插入 POI 地址。感兴趣的用户点击视频的 POI 地址（图 4－22 画圈处），可以直接进入门店信息页（图 4－23），再也不用苦苦追问：“这家店在哪？怎么找到这家店？”信息页更包含有实体店的线下地址、预订电话，也具有自定义优惠券设置、店铺相册产品展示等功能，为企业提供了更直观的信息曝光和流量转化。

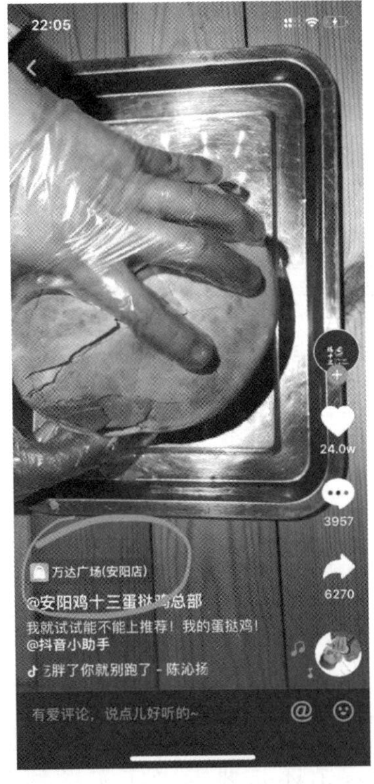

图 4－22　POI 地址

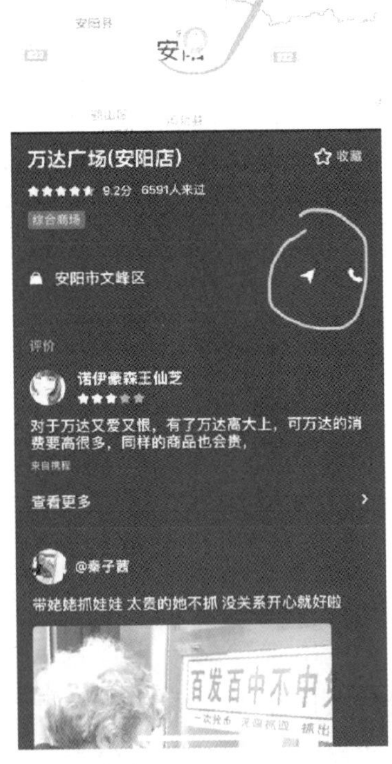

图 4－23　门店信息页

在抖音的搜索入口，有一个“地点”栏。在搜索栏输入实体店名字，点击会直接跳转到实体店的信息页。点击信息页上面的箭头，也会出现 POI 地址。如图 4－24、图 4－25 和图 4－26 所示企业可以绑定该地址为店铺地址，POI 地址页将展示对应企业号及店铺基本信息，如菜单、推荐等。目前支持高德地图上的所有地址认领。一个企业可以申请多个 POI 地址，但是一个 POI 地址只能被一家企业认领。所以，现在认领地址也是一个红利期。

“热门话题”是传播性极强的工具，认证后的账号具备“发起话题”功能。如图 4－27 所示，王老吉在自己的抖音号上发起“吉是所有美好的开始”话题活动：参与者在规定时间内，以这句话为主题发布视频，共同传播发起话题视频 PK。所有发布的视频，都会添加话题“#吉是所有美好的开始”。观众点击话题，可以进入到话题总页面。截至 2019 年 3 月 5 日，本话题的视频总播放量高达 3 亿次。王老吉品牌花费了很低的成本，却得到了海量的传播。

图 4－24　“地点”栏

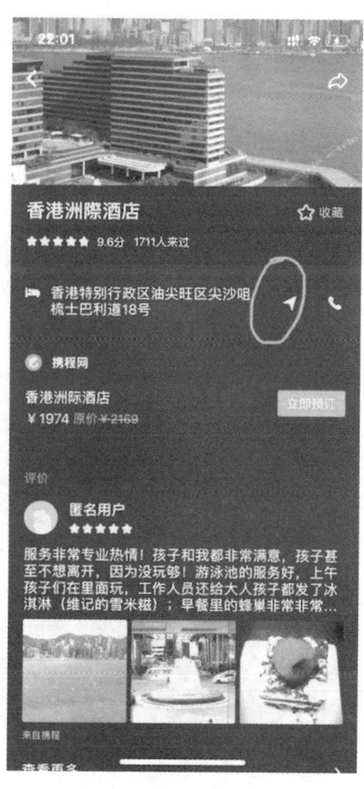

图 4－25　实体店信息页

图 4－26　显示 POI 地址

图 4－27　“吉是所有美好的开始”话题页面

（5）**视频置顶、私信特权。**

认证蓝 V 之后，具有视频置顶功能，可以将最多三个视频进行置顶（图 4 – 28）。

图 4 – 28　视频置顶

同时，可以对视频的评论进行置顶、删除、管理。对于粉丝的私信，可以设置自定义回复。私信也不再折叠在一起（类似微信的订阅号，全部折叠在一起，而服务号可以直接跳出消息），如图 4 – 29 所示。并且，陌生人给企业发信息不再有只能发 3 条的限制（如果陌生人私信企业，企业未关注陌生人，陌生人只能给企业发最多 3 条信息。企业关注了陌生人，则不再受限）。

（6）**商品信息分享及购物车功能。**

企业开通企业认证后，如果拥有的淘宝和天猫账户开通了淘宝客功能，就可以直接外链淘宝网店（图 4 – 30）。用户可以在相关的视频内添加购物车，商品和视频信息可以同步发。目前，抖音也支持企业开通抖音小

图 4－29　陌生私信显示页面

店，可以直接卖货。关于更多抖音电商功能，在随后章节介绍。

图 4－30　淘宝店外链

（7）**三大维度数据监测。**

开通蓝 V 认证的企业号，可以对主页数据进行监控，包括：访问人数、访问次数、访问比率、跳转链接次数、粉丝数、新增粉丝数；可以对视频数据进行监控，包括：播放数、点赞数、评论数、分享数；可以对用户画像进行分析，包括：性别分布、年龄分布、平台分布、地域分布、兴趣分布。

对数据的把控，有利于企业把准视频热点，提高创意洞察准确率，科学评估品牌的声量，精准了解用户的兴趣爱好。

总体上可以将蓝 V 认证的好处用表 4－1 进行对比展示：

表 4－1 蓝 V 认证的好处

分类		权益	介绍
运营项	企业号特权	账号打压	不受到广告营销的评级打压
		内容打压	非企业账号发营销内容会被打压
		同步认证	一个平台认证可以同步三个平台
通用权益	信息权益	认证外显标识	蓝√标志及认证信息
		昵称锁定保护	昵称不允许重名，先到先得
		昵称搜索置顶	企业号昵称全匹配搜索时置顶显示
	内容权益	一分种长视频	企业号视频最长时限 1 分钟
		视频置顶	企业号主页可以设置 3 个置顶视频
	效果转化	官网链接	企业号主页添加官网链接跳转按钮
		电话拨打	企业号主页有电话拨打组件
		小程序植入	企业号可以接入小程序（目前暂未开通）
支持类	信息管理	信息自定义回复	用户私信触发关键词，将自动回复
		私信不折叠	企业号私信不做消息折叠，均展开排列
		私信无上限	用户给企业号发信息不做三条限制
		评论置顶	企业号可对评论设置评论置顶
	数据分析	主页数据	主页访问 JV、PV、新增粉丝、粉丝数
		视频数据	播放 VV、点赞、评论、分享
		互动数据	跳转链接点击 PV、挑战赛点击 PV
	用户管理	用户管理	用户信息展示、添加信息标注
			用户分类展示，场景应用

续表

<table>
<tr><th colspan="2">分类</th><th>权益</th><th>介绍</th></tr>
<tr><td rowspan="7">垂直细分</td><td rowspan="5">线下门店分享</td><td>认领</td><td>企业号主页添加官网链接跳转按钮</td></tr>
<tr><td>POI 信息编辑</td><td>电话、营业时间</td></tr>
<tr><td>POI 相册编辑</td><td>推荐产品、环境、相册展示</td></tr>
<tr><td>POI 详情页</td><td>汇集视频内容</td></tr>
<tr><td>PO 卡券</td><td>优惠券、活动</td></tr>
<tr><td rowspan="2">电商专享</td><td>电商购物车</td><td>在视频内添加购物车功能，支持外跳</td></tr>
<tr><td>电商小店</td><td>企业号主页添加橱窗按钮</td></tr>
</table>

第五章

抖音热门内容创作系统

抖音经过了 2018 年的野蛮式成长，2019 年进入结构调整的阶段。新进玩家井喷，竞争更为激烈，新账号需要做好差异化内容定位，才能快速破局。老账号也需要及时调整定位，方能突破成长瓶颈。

另外，越来越多的抖音账号不再满足于做好视频内容本身，更希望在商业领域有所突破。所以，内容的重新定位和创作，成为大家最大的共性需求。本章我们重点讲解抖音内容的创作技巧，因为内容创作也是玩转抖音的核心。

一、抖音账号的内容定位

1. 差异化的 IP 定位

每一个抖音账号，都是一个独立的 IP。内容预设和人设定位，决定 IP 未来能够走多远。独立世界观和差异化的内容，让 IP 更有生命力。大量的账号研究及数据显示，IP 定位精准的抖音账号成长的上限天花板相对较高，粉丝量级相对较大。

我们以账号仙女酵母快速转型升级为案例进行讲解。

仙女酵母背后运营团队负责人唐伟钟的公司飞博共创入局抖音较晚。经过权衡自身的资源，唐伟钟选定了“情感”这样一个起量快的内容领域。一方面，这样的定位在后续的视频内容上可玩形式更多，方向调整也相对容易，另一方面，酵母本人是名校的研究生，高知、独立女性的 IP 形象，非常合适做情感号。

由于初期仙女酵母的 IP 定位不准，差异化不够明显，加上酵母的人设在网上存在大量同质的内容，导致粉丝量增长至 20w 后，就停滞不前，陷入僵局。而且同期账号 yuko 和魔镜人设，获得了不错的用户转化，这些情况都促使酵母的人设必须进行 IP 的提升改版。图 5－1 为改版前的截图。

唐伟钟对情感榜单的头部账号进行全面研究分析，很快发现拥有独立世界观的 IP 内容，更有生命力。例如仙侠、古风、神话、二次元、复古风等元

图 5-1 仙女酵母改版前截图

素都很有创作空间。想要占领用户的认知世界，就要生产没有做过的东西。

经过反复讨论，唐伟钟的团队最终选择了同类号少、成本可控、满足人设气质的中世纪复古风。在设置好账号类型的价值观后，开始人设和内容差异化试运行，将渡过安全期账号的模式运用到其他账号上。由原来单纯演绎单身女性生活，变成如今优雅又不失魔性魅力的仙女酵母，如图5-2所示。

图 5-2 仙女酵母改版后截图

调整之后的账号内容，IP 定位更为清晰，人设更为独特，差异化明显，自然能够快速突围。账号的粉丝数量快速从 20 万，增加到了 929 万（截至 2019 年 3 月 5 日，图 5－3）。

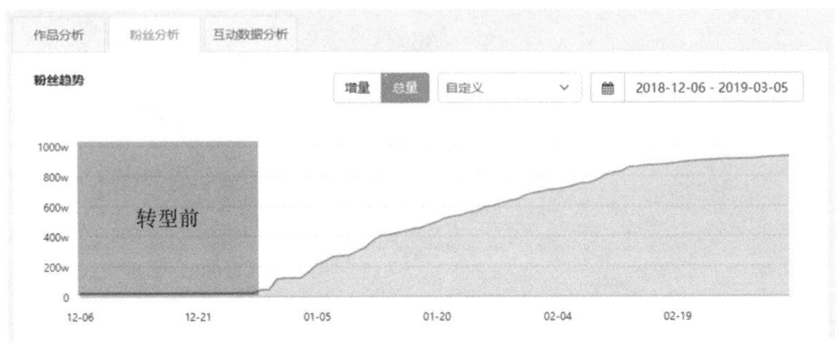

图 5－3　改版后的仙女酵母账号粉丝增长数据

因此，在创作抖音内容之前，IP 的定位是最重要的工作。

2. 八大最受欢迎的短视频类型

每一个玩家都想打造出像仙女酵母这样的高速成长型账号，实际上唐伟钟的成功，还有一个核心点，就是选对了赛道（视频类型）。在抖音里，内容赛道分为流量赛道和垂直赛道。赛道不同，成长空间和粉丝基础不同。

简而言之，百万级粉丝账号同千万级的账号，平均增长值完全不同。有的账号发布一个视频就可以增长数十万甚至数百万粉丝，有的账号发布了几百个视频，粉丝却少得可怜，主要原因还是视频的类型定位有区别。

垂直类内容，商业价值较高，但是缺点是成长速度、吸粉速度相对较慢，成长的天花板及粉丝量级不如流量型内容。两者的比较如图 5－4 所示。

在抖音里什么类型的视频最受欢迎呢？笔者用三个月时间，整理了 17690 个火爆的抖音视频，总结了八大最受欢迎的流量型短视频类型，供大家在内容定位时参考。

（1）颜值类

如果你是美女帅哥，对自己的长相十分自信，完全可以采取这种风格出镜，如图 5－5 所示。服装、日化、美容护肤、理发等行业多采取这种方式。

内容赛道分类

流量型类	**垂直类：**
搞笑、娱乐 音乐、舞蹈 剧情、情感 ……	美式、化妆 时尚、旅游 汽车、数码3C 母婴……
商业价值：较低	商业价值：较高
增长速度：较快	增长速度：较慢

图 5 –4　垂直类内容与流量型内容的比较

图 5 –5　人物高颜值类案例

如果你的产品非常漂亮，颜值很高，科技范十足，可以直接拍摄产品进行营销传播，如图 5 –6 所示。高科技产品、烘焙食品、书法、工艺品等，多采取这种方式，吸粉速度较快。

（2）**搞笑娱乐类**

如果你有娱乐基因，风格大胆，完全可以采取搞笑娱乐风格进行定

图 5 - 6 产品高颜值类案例

位。这种方式吸引粉丝很快，但是要结合产品的人群定位。比如美食、服装、化妆品、游戏、电子产品、鞋帽、玩具等，适合年轻人，就要做出年轻人喜爱的元素和内容，如图 5 - 7 所示。

图 5 - 7 搞笑娱乐类账号截图

（3）**萌宝萌宠类**

很多人对萌宝、萌宠类内容，毫无抵抗力。可爱的孩子、动物、宠物，会吸引很多粉丝。针对儿童的产品比如童装、食品、玩具、绘本等产品，以及针对宠物的产品比如狗粮、猫粮、宠物服装等宠物用品，甚至宠物销售、动物园、海洋馆等和动物有关的产品和服务，都很适合此类风格。如图5－8所示。

图5－8　萌宝萌宠类账号截图

（4）**专业技能、经验类**

这类定位适合很多行业，比如培训、咨询、法律、维修、汽车、金融、保险、护肤美容、设计、建筑、电商、餐饮、育儿、医生等。通过专业经验和技能的分享，让观众学到知识，自然很容易吸引到精准的粉丝。如图5－9、图5－10所示。

（5）**绝美画面和风景类**

人们对美好的画面、迷人的风景，总是会沉浸其中、流连忘返。现在都市的生活节奏快，时间紧凑，自由度和时间越来越少，难得出去旅游，因此过一过眼瘾是一种深层次的需求。这类视频获赞和关注度都很高。如图5－11所示。

图 5-9 游戏、餐饮、建筑案例

图 5-10 育儿、烘焙、汽车案例

（6）心灵鸡汤类

正能量的内容，总是能激发起人的斗志、勇敢、信心。因此，爱

图5-11　绝美画面和风景类账号截图

情、事业、婚姻、家庭、为人相处等方面的心灵鸡汤，都很受欢迎。现在的人经济压力大，人际交往总会遇到各种不顺，所以，当难以排解心中的困阻时，就会关注这类的正能量内容，以正衣冠，以宽心怀，以疗创伤。一些书籍、咨询等账号，常用这类内容吸引粉丝。如图5-12所示。

图5-12　心灵鸡汤类账号截图

（7）**爱情和情感类**

抖音的用户大部分是年轻人，爱情总是伴随左右。因此，与爱情、婚姻有关的内容，总能轻易获得粉丝关注。一些娱乐、经验等内容视频，如果刚好与婚姻、家庭、爱情、亲情、友情有关，会很容易获得大量粉丝。和年轻人有关的各类产品及行业，均适合用这类定位方式引流。如图 5－13 所示。

图 5－13　爱情和情感类账号截图

（8）**有关人身安全的内容**

恐惧是促使人们快速行动的动力。在销售中，恐怖故事塑造得好，会快速促进客户成交。在创作视频内容时，如果能抓住顾客最担心的需求点，就可以快速吸引粉丝。防身器材、消防、保健品、护肤品、武术教学等行业，均适合这类定位，如图 5－14 所示。

图 5 - 14　有关人身安全内容的账号截图

二、内容获取的三大策略

抖音对视频的原创度要求高，账号需要持续创作优质的视频内容。新媒体内容创作要遵循“机关枪理论”，每天都要有子弹出来，否则热度就会降低，粉丝会减少。因此抖音的内容海量获取与策划非常重要。

笔者做抖音初期，原本以为自己掌握的系统营销知识非常多，后来做到第200个视频的时候，发现非常吃力。200多个视频，整体文字数量就高达45495字，相当于半本书的内容。而且，抖音是内容为王，想吸引粉丝，必须有干货，容不得半点虚假。如果你定位的是垂直领域，一个完整的系统知识有可能几句话就概括完了。所以，你会发现你的创意、知识储备，很快就会用光。

因此，我们必须找到一种途径，能够源源不断获取信息。找到优质内容，才能做到内容的持续输出。

抖音内容获取的三大策略：

1. 揉碎策略

这种理论在抖音很盛行，比如你买到一本营销书籍，把内容看完，可以整理出很多的经典片段，相当于把这本书的系统精华知识揉碎了。将整理出来的碎片知识剪辑成视频，就是非常不错的内容。比如去听一堂系统的课程，将老师的内容拆解揉碎，可以做出大量的内容。

你想聚焦的领域是什么，你的定位是什么，市面上总会有数不尽的专业书籍、专业课程，使用这种策略整理，自然有源源不断的内容。

2. 搬运策略

搬运策略，说白了就是借鉴别人的内容，为己所用。把别人的创意、声音、文字、场景、音乐、策划思路等内容，借鉴过来，植入自己的视频里，借鉴创意，自然可以走捷径。

媒体圈一直流行一个词——“洗稿”，说的就是搬运策略。搬运国外的视频内容到国内，搬运其他行业的内容到本行业等。搬运无可厚非，只要技巧得当，完全可以创造出全新的优质视频，赢得新媒体的成功布局。天下文章一大抄，就看你抄得好不好。别人的原创，我们借鉴过来，要做到去其糟粕，取其精华。

创意借鉴是内容创作最快的策划技巧，不过搬运≠抄袭。抄袭是100%模仿，搬运是借鉴。我们所谈的搬运，需要对借鉴的内容、创意等元素重新进行创意和策划，加入自己的原创元素。

如果彻头彻尾抄袭别人的内容，原创作者可以投诉举报。抖音对抄袭的账号会进行警告和惩罚。经常抄袭别人原创内容的账号，会被抖音判定为抄袭账号，会降低权重甚至封号处理。

3. 100%原创

如果你创意十足，具有系统的知识体系，或者团队非常优秀，完全可以按照自己的定位方向进行创作，完全实现100%内容原创。优质账号都要努力向着这个方向迈进。要成为行业的领头羊，一定要具备引领的价值，而不是一味模仿抄袭。抖音倡导的就是原创，因此原创账号的权重自然也是最高的。

截取飞瓜数据2019年2月的月度抖音排名榜（图5－15），笔者发现最受欢迎的素人（普通人）账号及主体，全是凭借独特的原创内容获得了海量粉丝及内容传播。大家可以关注一下“会说话的刘二豆”“一禅小和尚”“郭聪明”“七舅脑爷”“多余和毛毛姐”等账号，看一下他们的原创内容和风格定位，个个精彩，相信你也会被深深吸引。

排行	播主	飞瓜指数	粉丝数	平均点赞	平均评论	平均转发
1	Dear-迪丽热巴	1417.5	5388.3w	126.2w	3.8w	7070
2	❤会说话的刘二豆❤	1379.3	4491.8w	183.2w	2.9w	1.7w
3	陈赫	1379.1	5264.2w	42.7w	1.4w	2014
4	摩登兄弟	1318.6	3675.5w	74.5w	5.3w	3.1w
5	一禅小和尚	1301.9	4433.8w	18.4w	6766	1.4w
6	郭 聪 明	1297.9	3086.3w	164.5w	5.5w	1.4w
7	M哥	1273.2	3193.5w	54.3w	1.2w	5415
8	七舅脑爷	1266.6	2987.8w	71.0w	1.5w	4543
9	多余和毛毛姐	1261.3	2487.7w	128.2w	3.1w	3.5w
10	papi酱	1261.0	2864.8w	63.3w	9687	1.6w
11	陈翔六点半	1259.6	3312.7w	39.8w	5755	7831

图 5－15　2019 年 2 月月度抖音排名榜

三、火爆视频的创作与发布技巧

内容的定位和获取，只能帮助你解决素材和创意问题。再好的内容，也需要差异化的呈现方式，耳目一新的剧情策划，恰到好处的音乐搭配，美观流畅的视频剪辑，最终才能呈现出精彩的爆款视频，让人念念不忘。

如何才能做出更为精彩的短视频呢？下面分享短视频的创作策划技巧。

1. 八大抖音视频策划技巧

要想成就出色的 IP 账号，你的内容就要永远遵循与众不同原则。无论你从哪里借鉴的创意、元素、内容、声音、场景、剧情，都要进行创新加工，打造出耳目一新的感觉。你可以采取如下几种策划技巧，创造出“新、奇、特”的视频内容。

（1）剧情反转

剧情反转的技巧，就是对立型创新，内容均在情理之中，结局却是意料之外。“永远猜不透结局”“腰都快被闪断了”“腰椎间盘那么多，为何你如此突出”，都是大反转剧情的效果。像陈翔六点半、郑云工作室、祝晓晗、办公室小野等，都是经典的案例。

很多男生都认为漂亮的女生很难养，成本高。成都小甜甜却说出相反的观点，“能请我吃饭就好”。这完全颠覆了普通男生的认知，视频自然火爆。

大多数人可能认为漂亮美女都生活在都市，养尊处优，如果你视频里的美女，在农村做着搬砖、采茶等农活，内容反转，就会令人耳目一新。

有一对恋人吵架，女生说如果分手，她可以很容易找到一个男朋友。男友就非常生气，说：“你找一个试试。”结果刚好一个男生路过，女生就拉着这位路人说：“做我男朋友。”路人犹犹豫豫，后来竟然真的“坐”在了她男朋友的大腿上，坐完之后对女生说：“我坐过了啊。”看到这，观众哄堂大笑，这就是经典的剧情反转应用案例。

让你的团队头脑风暴，把你的剧情策划得不可思议，别让观众轻易猜到结局，就会创作出不可思议的好作品。

（2）**集成创新**

集成创新的技巧是选定一些需要借鉴的爆款视频，分析拆解各个视频的爆款元素，用爆款元素替代自己内容中的平庸元素，将多个爆款元素有序结合，组成新的视频。

图5－16 “尬演七段”的账号截图

比如一首歌很好听且很火爆，如果换成一个网红俊男美女来唱，可能会更加火爆。

有的视频很有趣，但是视频像素差，拍摄的素材不够精美，你可以借鉴对方的内容元素，视频部分用像素高的相机拍摄，精美剪辑，就会很火爆。

再比如借鉴新闻播报的模式，播报搞笑内容，就很有新意。

更有甚者，将非常多的网红音乐、舞蹈和段子，集合成一个视频。看完这个视频，相当于看完了最近最流行的元素，这样的集合视频也很受欢迎。比如“尬演七段”的内容形式，如图5－16所示。

笔者有一个视频内容，讲的是自己小区六号楼超市的营销案例。因为案例详细，技巧实战，可操作性强，被上千个营销型账号直接借走创意。有人复制笔者的内容，还有很多账号直接把笔者的声音元素挪到自己的视频里。如图5－17所示。

图5－17　超市案例及借鉴账号截图

集成创新，主要是借鉴爆款视频的优质点，加入自己的创新元素进行创新，这种内容创作技巧非常有效。另外，在借鉴的过程中，忌讳完全照搬，一定不要做抄袭者，不要成了山寨搬运者。

（3）**角色扮演**

角色扮演，指的是通过角色互换、角色扮演、角色模仿、对口型、音乐假唱等方式，创作出另类的视频。包括男女互换、动物与人互换、人与物互换、语言模仿等不同方式。

比如“多余和毛毛姐”，一个男生同时扮演男女两个不同的角色，自己与自己进行对话和沟通，没想到女版人物比男版人物更受粉丝欢迎。抖音账号“乔万旭”，主播也是一个人扮演多个角色，很受欢迎。抖音里很多男生化妆变美女的视频，都很受欢迎，比如“阿纯”。动物与人的角色互换，代表账号是“会说话的刘二豆”“金毛蛋黄”等。语言模仿，参考“张大仙”。角色扮演的账号如图5－18所示。

（4）**行业揭秘**

常人很难见到的行业内容，只需揭秘展现出来，就会获得大量粉丝阅读。

比如我们经常看到石碑，但是很少人知道工匠是如何把字刻在石碑上

图 5－18 角色扮演的账号截图

的。如果通过拍摄刻字的细节，分享给大家，就会有很多人喜欢，赞叹工匠师傅的技艺。

比如我们经常喝的饮料是怎么生产出来的呢？配料怎么调，如何灌装，如何压盖，如何包装，都是外行人不了解的。只需拍摄出来，就可以获得感兴趣的粉丝。

比如常见到的美食制作过程、鸡尾酒调配等视频，都属于揭秘类。

业内人对自己的行业知识习以为常，但是外行人鲜有人知道。人们渴望了解更多专业内容。很多餐饮开始展示透明厨房，就是为了让顾客看到美食制作的过程。顾客看得见，看得到，了解了，会增加足够的消费信任。

这类视频创作技巧可以吸引与行业相关的精准粉丝。不过，行业视频创作，千万不要展现那些枯燥乏味的内容，尽量拍摄精彩、炫酷、科技范十足的细节，展现有趣、好玩、了不起的精彩细节点。

（5）**关联创意**

关联创意，俗称“蹭热点”。星巴克猫爪杯突然在网络走红，有客户为了购买限量供应的猫爪杯大打出手，全网轰动。很多抖音账号于是借助猫爪杯的热点，进行关联创意，视频火爆，如图 5－19 所示。

蹭热点是创造抖音视频很棒的借势策略，但是要及时，不要错过了热度。

图 5-19　蹭猫爪杯热点的账号截图

（6）**技术流**

如果你的团队有很棒的剪辑技术，完全可以借助剪辑技术，创作玄幻、科幻等科技范十足的视频。《流量地球》为什么如此受欢迎？一个原因是中国科幻片终于拍出了美国大片的“特效感”。剪辑技术是产生特效的重要因素。

依靠独特的剪辑技术火起来的账号较多。比如拥有 2465 万粉丝的“黑脸 V”（图 5-20），全部通过剪辑技术，制作炫酷视频，吸引粉丝。

图 5-20　“黑脸 V”账号截图

短视频时代，任何媒体内容都可以用视频重新演义一遍。在技术流面前，任何视频内容都可以用剪辑技术重新升级一遍。因此，学会出色的剪辑技术，绝对是短视频时代最重要的技能之一。

（7）**标题党技巧**

有很多视频，单看视频内容并不新奇，但是配合标题就会触动心扉。比如一个女孩眼睛红红的，什么都不做，只配上这样一段标题“上午刚拿了离婚证，终于可以远离负心汉。父母不理解我，不让我回家。孩子还小，但是再难，我也要坚强”，就会有很多人点赞支持。

图 5－21 是西贝莜面村的一个视频。视频中两个跳舞的服务员舞蹈很普通，但是标题很好：“旁边是我领导，如果这条视频火了她说给我加薪！大家冲鸭。”结果点赞数突破 11 万。

图 5－21　西贝莜面村的视频截图

标题党在新媒体时代，永不过时。如果内容很普通，就想办法起一个绝佳的标题。

（8）忽略技巧，直接上干货

忽悠不如直接上干货，把最好的技巧、知识、经验，直接分享出来，就是最好的技巧。

比如“八亿潮男”直接告诉你如何穿衣；“李佳琦 Austin”直接告诉你如何化妆打扮；“玩车女神”直接告诉你最实用的汽车经验技巧；“设计师阿爽”直接告诉你如何装修设计；“麻辣德子”直接告诉你如何做菜。“名侦探小宇”直接告诉你如何警惕坏人。

很多行业垂直账号，均可以考虑直接分享干货内容，获得粉丝，如图 5－22 所示。

全部 网红美女 网红帅哥 搞笑 情感 剧情 美食 美妆 穿搭 明星 影视娱乐 游戏 宠物 音乐 舞蹈 萌娃 生活
体育 旅行 动漫 创意 时尚 母婴育儿 教育 职场教育 汽车 家居 科技 摄影教学 地方 知识资讯类 办公软件
文学艺术

图 5－22 抖音主要的垂直分类类目名称

2. 短视频创作与发布技巧

抖音属于瀑布流媒体，内容不能在短时间内抓住粉丝兴趣，就会被随手滑走。因此，创作短视频，必须严格遵循如下创作和发布技巧：

（1）视频要精简，三秒内抓住观众眼球

内容要压缩、精简。前三秒必须快速呈现精彩内容，吸引眼球。开头不要留白，直接出精彩内容。同时，多余的视频片段，必须删减压缩，尽量呈现出最精彩的内容。

举例，“我叫王大锤”的视频内容（图 5－23），每段话之间的时间间隔非常短，是经过剪辑拼接后的效果。因为紧凑，消费者看起来流畅，无压力，节省时间，粉丝高达 1100 万。

早期笔者的视频在上传时从不做开头处理，后来发现每一个视频都有一秒左右的时间是空白的，没有语言内容。这样就会浪费观众的时间。后来笔者就试着把每个视频开头的空白部分剪掉（图 5－24），直接跳出语音内容，受欢迎的程度很快就增加了。

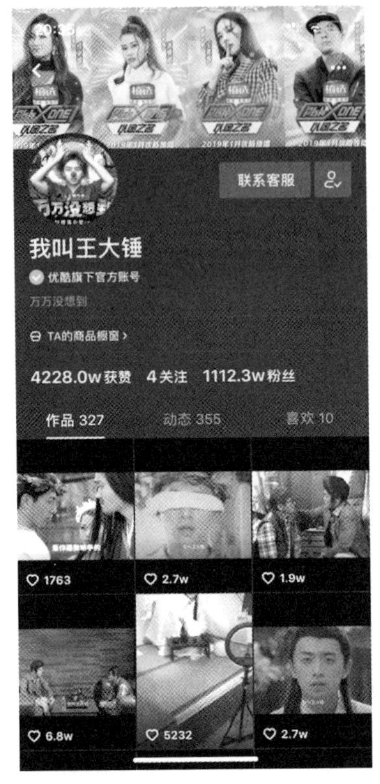

图 5－23 “我叫王大锤”的账号截图

图 5－24 剪切视频开头空白

（2）**优先用热门音乐，参与相关热门话题**

优先使用热门音乐。抖音本身就是以音乐为主要元素的短视频平台，名字中包含“音”字，可见音乐对抖音的重要性。我们在拍摄视频及剪辑时，要注重热门音乐的使用。

同时，没事儿多参与热门话题，多和官方进行互动，账号自然会获得更多支持。当然，也不是让你什么话题最热就去蹭什么话题，找与自己领域相关同时又很火的话题去蹭。

（3）**务必重视发布时间**

很多人关心抖音视频在什么时间发布容易上热门，图 5－25、图 5－26 是易观数据 2018 年 2 月的检测数据，很具有参考性。从图中不难看出，抖音的用户活跃时段持续时间较长，从早上 9：00 开始一直到晚上 23：00 都处于活跃状态，几乎没有太大降幅。

可见除了睡觉时间，人们随时都会刷一刷抖音，不管是上班族还是学生党，用15秒走个神并无伤大雅。

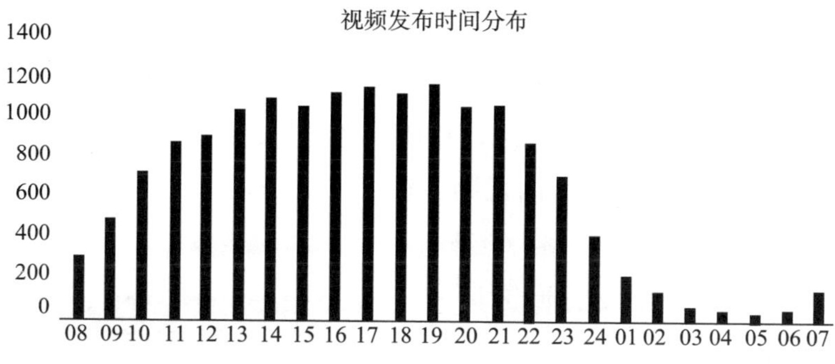

图5－25　2018年2月抖音APP分时活跃情况

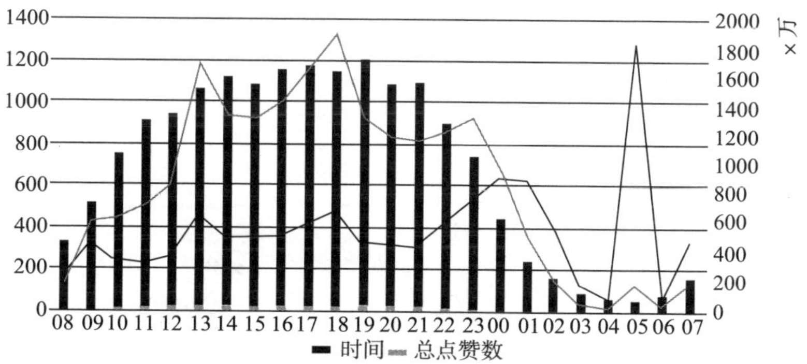

图5－26　2018年2月抖音APP分时点赞情况

在什么时间段发比较好，图5－26也很清楚地告诉了我们。中午饭后（13：00）和下班时间（18：00）是抖友们最爱点赞的时刻，62%的用户会在这段时间内刷抖音。尤其是睡前和周末、节假日这种整段时间，在这个时间段内，刷抖音的人比较多，点赞的概率也是最高的。所以在这个时间段发抖音会是一个不错的选择。

（4）**引导关注的铺垫很关键**

结尾要留有悬念，这样利于观众关注账号，吸引观众查看主页更多视频。一些电影剪辑类视频，常把一部电影的讲解拆分为多个片段视频，关注看完一个，被吸引后会点开主页查看更多视频。

“关注我，查看更多精彩视频”“请看下一个视频”“想学习更多内容，请……”“感谢关注”等，都是不错的引导语言。

3. 高质量短视频拍摄及剪辑工具

了解了内容策划技巧，很多人还是不敢做抖音，他们认为做抖音需要非常专业的工具和剪辑技能，因为自己不会，不了解，所以担心害怕。实际上，现在科技和互联网很发达，普通的视频拍摄，用自己的手机或单反相机就可以完成。而移动版的视频剪辑工具也非常多，使用也非常简单，根本不必担心太多。

常用的视频拍摄及剪辑工具有如下几种：

（1）抖音自带的拍摄功能

抖音本身就有拍摄视频的功能，而且美颜效果非常出色。磨皮、大眼、瘦脸，各种特效能够瞬间让你变成白富美、高富帅。大家可以自己摸索研究使用。不过抖音的拍摄功能有一个不足，就是无法添加文字。

抖音拍摄视频及上传视频的地方，在抖音最下面中间部位的“+”号位置（图5-27）。

图5-27 视频拍摄及上传的地方

点击之后，可以进入抖音视频的创作页面。你会看到有很多功能，可以自行原创视频，也可以点击右下角的“上传”，直接将手机里的其他视频上传到抖音里。

抖音为视频创作者提供了拍摄的道具，同时提供了美化工具，以及丰富的视频剪辑工具，足够让你做出精彩的视频。

拍摄好的视频，在上传时还可以添加不同的音乐，选择不同的滤镜和贴纸，增加特效。在发布时，可以自定义标题，添加位置宣传，开通抖音电商的账号还可以在视频里链接商品。

不过，抖音自带的拍摄软件没办法添加字幕，只具备基本功能。如果你的视频有更高更多的创作要求，就必须使用其他的拍摄设备和剪辑软件。

（2）**翻转动态的文字型视频编辑软件**

这类软件可以创作翻转动态的文字型视频编辑软件，比如“字说”。笔者抖音号里面的视频基本上都是使用这一款软件制作。读完文字，录下声音，会自动生成文字视频，可以更改背景图。

不过这类软件一般需要付费才不会有水印。有水印的视频，抖音一般不会推荐。另外，目前抖音对这类简单的反转字体视频逐渐进行流量限制，太简单创作的视频类型一定会泛滥成灾，最终被平台抛弃。

（3）**更丰富的移动端视频编辑软件**

比如 Inshot（APP）、Videoleap（APP）、Pixaloop（APP）等，这类软件大多数功能都很类似，也各有自己的不同。这类软件不但涵盖了抖音自带的视频功能，还可以编辑文字、录音，设置更多特效制作，功能相对较多。软件用得好，能做出电影大片的感觉，相当不错。

不过，每一款软件使用方式不同，技巧方面需要大家多使用、多练习，慢慢摸索自然会越来越熟悉。

（4）**绘声绘影、AE、PR 等专业视频剪辑软件**

高质量的视频剪辑，必须使用专业的视频剪辑软件。这类软件需在 PC 端使用，操作相对专业，有时间、有精力的朋友可以安装学习。企业一般通过招聘专业的视频剪辑人员，完成剪辑工作。不过视频剪辑是未来发展趋势较好的职业技能，有条件还是要学习一下。

（5）**更多工具介绍**

给大家分享玩抖音过程中需要用到的一些工具。俗话说得好：“工欲善其事必先利其器”，借助这些工具可以极大地提升我们的视频质量，提高吸粉效率。

工具 1：制作鱼眼效果工具

手机 APP 应用市场搜索“鱼眼相机”，这款工具可以轻松在彩色或黑白效果间切换，也可以选择满屏或者部分的模式，轻松获取最炫的鱼眼效果。

工具2：尖叫字体生成工具“煎饼铺”网站

链接进去之后，点击网站右上角的“工具1、工具2”，就可以查看使用各类工具。

抖音上很多照片类视频很火。这类视频是由文字图片组成的，再配上适合的背景音乐，效果很不错。如果想制作这种效果的话可以运用尖叫文字工具，生成你要的文字图片，长按保存，背景色、字色支持自定义。另外这款工具还可以生成微信昵称，有花样文字、表情文字等功能，更多功能可以自己去挖掘。

工具3：视频封面制作工具“创客贴”网站

创客贴是一款支持多个客户端的极简图形编辑和平面设计工具，提供大量免费的图片设计素材和模板，简单地进行拖拉拽操作就可以设计出海报、PPT、名片、邀请函等各类设计图。

工具4：对话生成软“迷说”

迷说是一款对话设计软件，将传统的小说文本通过短信对话形式进行呈现，模拟微信对话。平台上的UGC内容有很多素材可以借鉴，也可以自己创作对话录屏。该软件支持ios、安卓系统。

工具5：快闪字体制作工具

在抖音中，大家可能都看过一种很酷的快闪字体视频，这些都是用AE模板或者PPT快闪模板制作的。

工具6：数据分析工具

飞瓜数据是基于大数据的抖音短视频平台数据分析工具，针对排行榜榜单，包括播主的日榜单、周榜单、总榜单、点赞榜、粉丝榜、评论榜、上升榜，话题的最热榜、上升榜等数据可以进行综合分析。

在百度搜索“飞瓜数据”，即可在线使用。有了这款工具，我们就可以让自己的短视频蹭热门话题的热度。

工具7：电脑版抖音工具快音视

快音视是一款抖音电脑版网页播放器，可以随时暂停、播放小视频，并且在下方有进度条可以对小视频进行调节。视频也可以下载保存。这些都是 App 端所无法做到的。

另外还有一款热门抖音视频观看工具：看抖音。

我们在搜索框里输入抖音用户 ID，即可获得该用户最热门的视频。网站还有抖音男神榜、抖音女神榜、总榜、热门视频榜、热门音乐榜等。

有了这款工具，我们就可以很方便地分析竞争对手或者需要模仿对象的“套路”了。

工具 8：视频去水印平台网站“美拍视频解析下载”

这款工具支持解析美拍、微博、秒拍、小咖秀、晃咖、微视、全民小视频、全民 K 歌、趣多拍、网易云音乐、陌陌、Instagram、映客、小影、YouTube 等平台的视频。

工具 9：视频编辑工具——快剪辑

快剪辑这款软件不仅免费而且操作方便，对于没有视频剪辑经验的人来说也能轻松上手。你可以将本地的视频素材或者图片素材直接添加到软件中批量处理。

工具 10：屏幕录制工具“屏幕录像专家

免安装、高清录制、无水印的屏幕录制工具，支持多种格式，全屏无限时录制，操作简单。

（6）热点搜集平台

新榜、微博热搜、百度风云榜、抖音话题挑战、飞瓜数据、卡思数据、抖大大等，这类平台包含大量的热点内容和数据分析，具有很高的视频研究价值，可以储存使用。

以上就是在玩转抖音过程中需要用到的工具，玩抖音的读者可以把这些工具用起来，可以节省视频制作的时间成本，快速创作精彩视频。

四、爆粉经验，涨粉策略

笔者玩抖音是在2018年11月，短短两个月时间，粉丝突破20万。截至2019年1月月底，已经突破30万。最高单个视频阅读量高达1340万人，很多人羡慕说：“刘老师你做的是垂直账号，增粉这么快，做得不错，有什么经验吗?”实际上，这么多粉丝主要是靠以下三个视频的爆粉（图5－28）：

图5－28　三个爆粉视频截图

第一个阅读量539.6万，第二个阅读量1343.8万，第三个阅读量346万。平时，一个抖音视频吸引的粉丝也就是几百人，这三个视频平均每个吸引的粉丝数量高达6~9万人。所以，爆粉核心就是持续做出优质的内容。

郭冬临的账号暖男先生在2019年3月中旬开始发布抖音内容，仅发布20多个视频就积累1000多万的粉丝。笔者也是他的粉丝之一，看到郭冬临的视频时，心里会忍不住关注他，确实很搞笑。好内容，是暖男先生快速增粉的核心。图5-29为暖男先生账号截图。

图5-29 暖男先生账号截图

如果你的账号每一个视频都很经典，自然就可以快速成为超级大号。“食堂夜话”（图5-30）这个账号，截至2019年3月25日仅仅发布了50个视频，粉丝量竟然高达1566.5万，平均每个视频的点赞数量超过100万。因为它的每个视频都非常精彩，符合年轻粉丝对情感的喜好。

图 5－30 “食堂夜话”账号截图

所以，抖音能否爆粉，关键在于是否有优质的视频内容，和发布视频的数量多少并无太大关系。爆粉并没有太多绝招，始终是内容为王，做好内容大于一切。

1. 优质内容的创作理念

（1）学习爱因斯坦的精神

爱因斯坦读小学时，一次手工课，当同学们都交上自己的作品时，唯有爱因斯坦没有交。直到第二天，他才给老师送去一个做得很丑陋的小板凳。老师看了后很不满意地说：“我想世上不会有比这更坏的小板凳了。”可爱因斯坦回答说：“有的。”于是，他从课桌下面拿出两个小板凳，举左手说：“这是我第一次做的”，又举起右手说：“这是我第二次做的，我刚才交的是第三次做的。虽然它还不使人满意，但总比这两个强一些。”

爱因斯坦的精神，非常适合做新媒体。我们刚开始玩抖音，肯定没有完美的内容策划、拍摄技巧、演出技巧、视频剪辑技术，但是不要灰心，大胆去演，去拍摄，去剪辑，去上传，只有多练习，多展示，才会一次比一次好。

2018 年 10 月 28 日之前，笔者也发布了一些其他视频，和营销定位无关，有的是自己的旅行风景，有的是自己孩子的视频。但每一次拍摄，都能让笔者学到很多经验，慢慢就熟练了。

（2）**作品好坏，让粉丝去评价**

笔者的那三个爆粉视频，当初上传时，自己也想不到会爆粉，反而认为应该爆粉的视频并没有爆。所以，作品的好坏，让粉丝去评价，粉丝的喜好才是作品最好的检验标准。

拍抖音视频和做营销原理类似，量中求概率。一个不火，多发几个，发的多了总会有视频火起来。有很多账号，发布了几百个作品，结果有一个作品爆了，整个账号就彻底脱胎换骨。

有一个网红叫作“陆超”，每天发布的视频数量高达几十个，截至 2019 年 3 月 25 日，总作品数量高达 6101 个。虽然不是每个都能火，但是却积累了 257.4 万粉丝（图 5－31），在抖音里已经属于头部大咖了。

有精力和实力的朋友，建议每天发布四个视频，发布时间为早上 7～8 点，中午 12～13 点，下午 17～18 点，晚上 20～22 点。

2. 超级有效的三大涨粉技巧

（1）**视频结尾埋设悬念**

抖音有一个账号叫作“酒馆阿七”，只发布了一个作品，粉丝就积累了 78 万（图 5－32）。

看这个视频会发现作者十分聪明，他设计了一个十分巧妙的悬念。这个视频讲述的是一个神奇的酒馆，可以帮助任何顾客实现梦想，但是要付出相应的代价。

店里来了一位女顾客，想要很多很多的钱，酒馆阿七答应了她的要求。女顾客在视频结尾说了一句：“我能知道我付出的代价是什么吗?”视频就结束了。

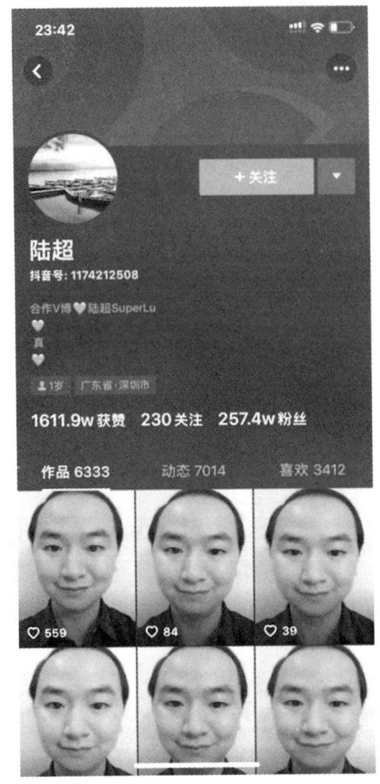

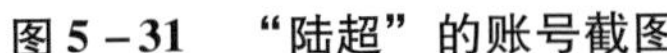

图 5－31 “陆超”的账号截图

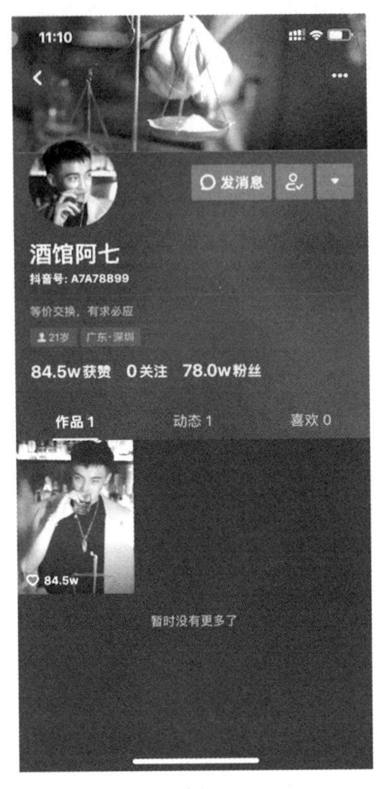

图 5－32 “酒馆阿七”的账号截图

很多观众充满好奇，想看后面的内容，自然就关注这个账号。悬念的设计，让这个账号一晚上增粉 78 万。

（2）**提前设计“神评”**

视频的活跃度、互动度，取决于点赞数和评论。精彩的评论能够让视频持续获得更多互动。抖音视频的评论是非常经典的，有时候内容本身还没有评论经典。“神评”会让视频快速爆火，如果足够精彩，更多人会对评论点赞、再评论，持续对视频加热，如图 5－33 所示。

发布视频之前，尽量提前设计好“神评”，也就是所谓的“评论作弊，提前打好草稿”。视频发布之后，用几个小号把精彩的评论发出来，引导粉丝互动。

比如郭冬临的抖音账号暖男先生，前几个视频评论里好像每个都有精彩评论（图 5－34）。每个评论又有几万人点赞，几千人再评论，自然加热视频，获得更多传播量。

图5－33 “神评”截图

（3）评论回复更具争议性

评论回复的争议性，是提高抖音视频阅读量的重要技巧，可以在视频结尾进行引导，鼓励粉丝留言，比如“评论区留言，留下问题，我会逐一解答”。

对于粉丝的留言，要用问话技巧，设计更有争议性的回复，引导粉丝和你进行第二次、第三次甚至更多的互动。如果能够在评论区和大量粉丝大量聊天，视频自然会得到最大化的加持，获得更多流量。

笔者的视频中，如果有粉丝不认可自己的观点，笔者会在评论区回复：“为什么这样说呢？你认为怎样做更合适？”用问话方式，引导粉丝继续沟通。

或者说一些刺激性的语言，比如“你根本不懂，一看就是外行”，挑逗粉丝进行微小对抗，粉丝的互动会更加激烈。当然，这种对抗要能够圆回来，能够化解掉矛盾，否则就会损失粉丝，得不偿失了。

图 5-34 暖男先生的精彩评论截图

第六章

抖音养号技巧

刚注册的抖音账号尽量养一段时间，再发布内容，会获得更多权重和流量。注册很久，想大量输出内容的账号；一些被平台提醒过、降过权的账号；限流的僵尸号，都需要养号，不然内容得不到推荐，创作发布工作价值等于零。

抖音养号有如下技巧：

一、新账号的注册技巧

1. 一机一卡一号

尽量保证一机一卡一号，现在一个手机多个号很容易被识别。千万别几个抖音号在一个手机上循环退出登录，这样很容易被判断为营销号，一机一卡是最安全的方式，权重也会非常高，不会被降权。养号过程中不要换手机。

2. 账号资料的完善技巧

抖音的账号资料信息一定要一次性填写完整，越完善越好，头像和名字不要随意改动。账号头像也要清晰，头像上不要带广告。

把地区、地域等位置信息都填写好，多往大城市人流量大的地方标就行了。如果有头条账号、微博账号等第三方的账号都可以去绑定。抖音现在和微信一样，注册的时间越长越好。新号没权重很正常。

抖音号是可以改的，前期不建议改，而且抖音号也只能改一次。什么时候改最合适呢？当你的号粉丝达到 1 万以后再改。

3. 注册方式与绑定技巧

前期注册的时候，可以考虑不用手机注册，也不要绑定手机号，可以用 QQ、微信、微博去注册。绑定头条号是最佳的注册方式。给别人评论时，需要你绑定手机号才能评论，这时直接点击跳过即可。当账号已经超过1万粉丝后，稳定涨粉了，就可以绑定了。原因很简单，如果这个号废掉了，新注册一个就很方便，不然想解绑，还要等3个月后，而且操作流程很麻烦。

二、高权重账号的养号技巧

1. 养号周期

一般建议 3～5 天，最佳的 7 天，养号期间不要发布任何视频。养号过程中的在线浏览视频时长，建议保证 2～3 小时/天，并且分间断，即上午刷一半，间隔两小时以上后，再刷剩下的。

2. 关注与观看技巧

关注 20 个同行，每天刷抖音合计时间在两小时左右。前期可以直接搜索几个出来，然后再去首页刷。

每天观看推荐附近的视频，进抖音首页，顺带可以看下附近的同城的抖音视频。

关注 5～10 个头部大号。

看十几分钟直播，买 60 个抖币，随机打赏。随机关注几个热门视频博主。

3. 互动技巧

当刷到同行做得不错的视频，一定要把他的整个视频看完，保证完播率，看完视频再下滑；或者看完视频再点赞，切勿连续秒赞。

总量累计评论 10～20 条视频，评论内容不能所有都一样，比如全部评论“666”，这种评论多了抖音系统也会提示，要根据视频内容来评论。全程都是模仿一个真实的喜欢这个视频的人来进行操作。

这里还有一个小提醒：当你看到一些跟你这个行业不相关的视频，要快速划过，哪怕他是一条非常搞笑的，你也非常喜欢看，也不建议停留。这个号就只关注同行，看同行就可以。

三、养号注意事项

1. 账号与登录注意事项

切勿账号频繁登录退出，切勿同一手机登录多个抖音号。

切勿使用模拟器，空间定位变化太频繁。

切勿使用同一手机注册多个账号。

切勿随意大量地点赞，比如很多视频不看完就直接点赞了。

2. 登录网络注意事项

同一 WiFi 不能同时登陆超过 5 个抖音账号，最好使用 4G 流量。等到后面账号正常，发布内容就可以用 WiFi 了。

3. 观看视频注意事项

点赞评论的视频，一定要完播。养号每天要循序渐进，不要一天用力过猛。

4. 资料修改注意事项

粉丝低于 1 万不要留个人微信。养号完成再进行资料修改和完善。切勿频繁修改个人信息。

5. 其他注意事项

千万不要刷粉、刷阅读量，100% 伤号。

四、账号检测

当你按照以上要求对账号完成了 3～5 天的养号周期，接下来要做的，就是对这个账号进行检测。

1. 检测技巧一

用抖音自带相机精心拍摄一个视频，如果播放量能在 24 小时内达到500＋，账号即为正常，之后将视频进行隐藏即可，暂时不要删除。

2. 检测技巧二

另外还可以观察抖音官方是否为你的账号打上了标签，即用小号点开大号右上角的小三角符号，看推荐的关联账号中，是否推荐了和你账号调性相符的抖音号，如图 6－1 所示。

图 6－1　同类推荐截图

第七章

粉丝互动与抖音变现

视频内容做得好，粉丝增长是顺理成章的事情。随着时间的推移，你的账号粉丝也会越来越多。对于粉丝的互动和营销变现，就是很关键的问题了。

理论上来说，粉丝就是财富。平均一个粉丝的价值是10元。举一个简单的例子，笔者有20万个对营销感兴趣的粉丝，如果整理了一套非常好的营销系统，只卖10元，购买没有压力，你能想象会有多少粉丝感兴趣吗？

粉丝关注了你，只是营销的第一步，说明粉丝对你感兴趣了，如何增加互动，后期如何巧妙营销转化，才是营销的纵深。

一、粉丝互动与营销转化的四点建议

1. 重视每一个粉丝的互动

前期粉丝少，一定要重视种子用户的积累。要做到认真对待每一个粉丝，让每一个粉丝都能感受到被重视的感觉。对于粉丝的问题、评论，尽量做到一对一回复。积累的种子粉丝越多，后期爆发的机会越大。

平时粉丝留言，不管多忙，笔者都会抽时间回复。有一位粉丝经常对笔者的视频进行评论，观点十分犀利，虽然不开心，但是每次笔者都会回复他。后来这位粉丝私信告诉说："我每一次给你留言，你都会回复我，其他大咖没人回我。我开抖音半年，只关注了两个账号，你是其中之一。"那一刻笔者才感受到重视粉丝的价值。

一位朋友曾经给一位拥有 103 万粉丝的专家账号留言 3 次，咨询相关问题，结果无人回复。朋友内心觉得不被重视，被看不起，于是取消了对这位专家的关注，并且抱怨说这位专家耍大牌。

其实，拥有 103 万粉丝的账号每天收到的留言及评论应该非常之多，但是粉丝不了解，就会误认为不被重视，笔者想很多粉丝也会有类似的经历。当我们的账号粉丝多、留言多时，不论多忙，一定要重视与粉丝的沟通。能主动咨询交流的粉丝，与你的关系一定比那些只关注不沟通的粉丝要牢固。留言回复不过来可以委托专人帮你维护，如果粉丝突破百万，账号已经值得组建团队经营了。

2. 内容根据粉丝需求针对性调整

笔者分享营销知识点时，粉丝就会留言：“我是做理发的，怎么用”“我是做服装的，怎么用”“我是开律师所的”“我是维修店”……

很多粉丝的行业不相同，我们在和粉丝交流时要根据粉丝的具体行业、具体问题，针对性回复。当然，这很考验一个抖音博主的专业度，如果不实战、不专业，对产品不熟悉、不了解，就会卡壳、露馅，自然让粉丝觉得你很业余，时间久了自然就懒得关注你了。

3. 转变为永久性粉丝

微信现在已经成了一个必不可少的通信工具。假如你的手机卡丢失，你存储的手机号可能全部就没了，但是微信好友不会丢。所以很多人见面不留电话，也要加上微信。粉丝今天关注了你，明天不关注，就找不到对方了。但是加成微信好友，一般很少会有人再删掉。

建议大家平时把和自己互动的粉丝加成微信好友。现在抖音又推出了多闪聊天软件，目前还在基础发展阶段。多闪和微信的属性不一样，微信倾向于通信，大家加成微信更像是朋友。多闪倾向于社交电商，更像是淘宝的交流软件阿里旺旺。多闪是微信封杀抖音后，抖音不得不推出的应对策略。目前微信的江湖地位还是很难被替代。

不过，在“头腾大战”的环境下，将抖音粉丝转化到微信上要非常慎重和巧妙，否则会被提醒降权，重则限流。一般情况下可采取一些隐蔽的字母或词汇，暗示粉丝自己的微信账号，比如“加我 VX”“威心”等。

4. 先建立好感和信任，不要急于变现

这是做抖音内容和做抖音转化的核心点。做抖音营销，一定要先建立好感和信任，最后再进行转化变现。

为什么苹果手机店不叫专卖店，而是叫体验店？你会发现一些国产手机的专卖店，只要你进去，就会有推销员跟着你，想买什么手机，想买什么牌子，想要多大内存，想要什么功能，追着你推销。（而苹果手机店，服务员基本不搭理你，任你随意体验。）

在麦当劳、肯德基，你不买东西，就在那里休息或者上厕所，心理也会很舒服，因为没有压力，而在一些其他的饭店，不去吃饭干坐在那里或者只是上厕所，你自己都会不好意思。

这就是营销的区别。消费者凭什么愿意去你的店里？去的时候，是舒服，还是压抑？营销不等于推销，营销是想办法创造环境，让客户在未见产品之前，早已对你产生好感、期待和信任。

做抖音也是一样。很多账号上来就想卖货，内容全是广告。暂且不说广告视频会被抖音封杀，即使不被封杀限流，也没有多少粉丝愿意整天看广告。我们看电视时，碰到广告就会换台，爱奇艺、优酷等视频网站上，人们宁愿支付会员费用，也不愿意多看广告，大众对广告是很厌恶的。抖音也不希望自己的平台成为广告机器，自然对赤裸裸的营销内容限流封杀。所以，一定要创作优质的内容，先吸引粉丝的兴趣，才能获得粉丝关注，才会有营销转化的机会。

粉丝基数少的时候，千万不要着急卖货。互联网最重要的不是工具，而是用户思维。用户喜欢什么，关心什么，最重要。粉丝可以随时取消对你的关注。如果整天都是广告，内容劣质，账号的掉粉速度是非常惊人的。

2019 年开始抖音对大 V 账号进行严打，很多恶意广告号被限流、封杀。抖音鼓励企业和抖音官方合作，以获得更多的广告收入，这是平台方正常的经营策略。所以，好不容易积攒了足够多的粉丝，进行商业转化的时候更应该小心。

很多人对于粉丝的变现一筹莫展。有一位朋友拥有粉丝 200 多万，但是不知道如何变现产生经济收入。

二、六大实战抖音变现方式

波普艺术大师安迪·沃霍尔说："每个人都可能在15分钟内出名。"而抖音告诉我们，要出名15秒就够了。抖音的品牌传播价值及营销价值日趋凸显，拥有粉丝就拥有了巨大的财富。

目前，抖音日均播放量已经突破30亿人次，春节期间日活峰值一度超过6000万人次。2018年8月抖音广告收入每天为5000万元。2018年头条广告收入150亿元，2019年预计500亿元。2018年参与"双十二"的抖音电商账号有7000个，官方活动曝光量超过12亿人次，参与人数突破了100万，促成了天猫淘宝成交单数120万单。TOP50账号完成了1亿元GMV（成交总额）。

2019年，抖音高调赞助央视春晚。伴随着高流量的涌入，越来越多的行业聚焦于抖音。越来越多的行业开始关心一个问题：怎么通过抖音变现?

目前抖音号的变现方式主要有以下几种：

1. 电商带货

抖音可以连接淘宝等电商网店，也有自己的抖音小店，可以直接通过视频带货。目前，抖音电商大有超越传统电商趋势，是集直播、社交、短视频于一体的富媒体电商平台。

举几个服装行业的案例。第一个案例是抖音账号"蓝小爸"（图7-1），这是杭州一个做童装的团队做的。之前是拍老板的女儿，因为经常去韩国、日本拍照，加上老板女儿身体不太好，又不太配合，所以他们找了一个模特，组建了一个相对比较专业的团队来拍这些产品。2018 年 9 月关注的时候他们才有 35 万粉丝，现在已经有 155 万多了。现在他们每个月引流的淘宝销量数据在 10 万件以上。

图 7－1 “蓝小爸”账号截图

第二个案例是广州的一个服饰账号，叫作“李李李婉君”（图 7－2），做到第三个月的时候，最高峰日销售额已经高达百万，也是通过抖音直接连接淘宝。

图 7－2 “李李李婉君”账号截图

所以，**抖音变现的第一个有效方式，就是电商转化**。现在做淘宝、天猫、京东等电商平台，一般有20% ~30%的推广费用，加上退换货率，普通企业现在基本上没钱赚。而抖音的流量很大，日活跃用户2亿，月活用户已达4.5亿，而淘宝的月活跃用户数只有4700万。微信的月活跃用户达到10亿，用了10年，淘宝用了15年，但是抖音用了不到2年的时间，月活跃用户就已经高达4.5亿，基本上是微信用户数的一半，已经集聚了消费的主流力量。通过抖音为电商引流，或直接在抖音小店成交，是抖音变现的第一方式。

电商带货的技巧非常简单，根本不用拐弯抹角地做内容、做号、做一堆铺垫，千方百计地规避平台规则往这边导流，可以直接通过产品的场景视频，直接吸引潜在粉丝，直接卖货。

更多卖货的抖音视频案例，大家可以关注公众号“蓝狙营销”，后台留言，免费获取。我们分享的很多抖音营销型视频，只需照着操作案例去做，就可以既避免被封号，又能直接卖货。

2. 微商变现

第二个有效的变现方式是微商。抖音信息流可以带来巨大的流量，但是除了鲁班系统、放心购，并不能直接做销售。把顾客引到微信上，就可以进行深度交流，营销成交。

有一个抖音账号叫“锰宝”，之前是微商团队，在抖音火起来之后，开始切入做抖音，结果有337万粉丝。老板是一位女士，就在抖音上面教别人怎样化妆（图7-3）。内容比较有趣味性，比较生活化，比较有针对性。微商最难解决的就是流量问题，用抖音这样的方式就把流量问题解决了，而且客户十分精准。然后，她又把这种方式分享给她的代理，生意自然发展很快。

虽然抖音封杀微信，微信也在封杀抖音，但是微信始终是抖音最好的承接载体。如果不被限流，微信就是鱼塘理论的深度运营载体。把粉丝引导到微信里，组建社群，走社群模式，配合一套商业模式，是非常不错的转化方式。

有一个账号叫作“老李谈腰椎颈椎”（图7-4），主要讲腰椎颈椎问题做哪些动作可以治疗。结果每个月有一两万人加微信，加了微信就卖99元的“狗皮膏药”，变现很容易。

图 7－3 “锰宝”账号截图

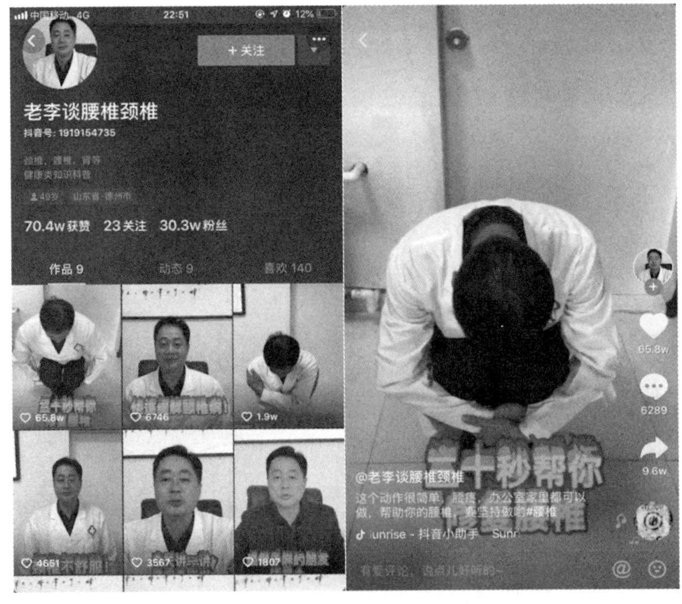

图 7－4 “老李谈腰椎颈椎”账号截图

很多保健品、医疗号，经常通过这种方式吸引精准人群。什么头疼病、颈椎病、更年期之类的，有的组建抖音矩阵，每个账号一种疾病，针对一类人群，只要内容足够专业，就能大量吸引精准粉丝。随后在微信及社群里，转化为一个实物产品，或者一套易操作教程课件进行营销变现。

有一个做设计的账号叫“七天设计工作室”（图7－5），通过分享每一个LOGO设计的过程，让粉丝感到敬佩，进而产生咨询交流。对方会引导粉丝到微信交流，进行转化，效果很不错。不过，抖音在封杀微信，在留言沟通时，尽量不要提“微信”两个字，可以巧妙暗示。

图7－5 “七天设计工作室”

3. 培训及知识付费

很多教育类账号在抖音平台发展很快，有一个账号叫“周导聊商业”（图7－6）。周导在2018年之前做了六七年的培训，之前效果不好，主业是帮企业做企划案，收费是一年120万元。后来通过抖音，他快速吸引到300多万粉丝，现在每个月开1～2场培训，每场每人费用9800元，每场人数1000～2000人。所以现在每场培训收入有1000万～2000万元。这只是三天两夜课程，然后会有30%的学员继续上高阶课程，按每人10万元的费用，可以想象变现能力多么强大。

图 7－6　“周导聊商业”账号截图

紧接着，他又布局了海量的抖音矩阵，复制自己的成熟模式，快速吸引大批量精准粉丝。

不过，2019 年两会期间，抖音对部分培训类账号进行限流，很多账号受影响很大，因此此类账号在内容制作时，尽量不要做出赤裸裸的营销展示。

4. 直播变现

现在有很多的直播平台，包括快手的直播，可以直接带货销售。通过直播平台可以打造红人，以及打赏赚钱。现在有很多颜值比较高、很有才艺的人（图 7－7），通过抖音直播平台吸引了很多粉丝。粉丝有了，后期变现还有很多的玩法。

直播功能是拥有 3000 粉丝以上，并且开通电商小店后自动开通。粉丝

图 7－7　洁宝宝账号直播页面截图

可以在观看直播的过程中向达人赠送抖币，6 元能买到 42 点抖币。达人获得的总收入就是音浪，音浪越高人气也越高。跟其他直播 App 花钱买礼物并没有什么区别。

除了粉丝赠抖币，有一技之长的达人还可以通过直播直接卖货，或给自己做其他方面的导流。现在抖音直播还可以和电商小店直接链接，营销转化销量更高。

5. 广告变现

抖音达人接广告或者说为品牌定制内容，是目前抖音号最主要的变现模式。抖音达人可以通过视频贴片、冠名口播、形象代言、互动贴纸、发起挑战等各种巧妙的方式进行品牌合作营销。

成都小甜甜靠一句“请我吃饭就好”火遍全国，没过多久，就接到了小米的代言广告，为小米拍摄了手机宣传视频。该视频点赞数超过128万，评论3.7万条，至少3000万人看到过这个视频，传播效果抵得上千万元的央视广告。

图7-8　成都小甜甜代言广告截图

抖音会给平台上的红人配备专门的小编管理，头部的红人有类似经纪人的角色帮他们对接商业合作，但没有透露具体的分成比例，不同粉丝量级的红人分成方式也有不同。此外有红人透露，很多抖音红人活得比明星还滋润。

抖音星图（图7-9）仅是抖音官方的接单平台，网红还可以通过签约的MCN（经纪公司）接单。像代古拉K到目前的145个视频中，就有将近10个广告，如果按照报价单里一个广告50万元左右的报价，那这个IP已经赚了500万元左右了。

每个头部网红背后一般都会有一家经纪公司。粉丝最多的“会说话的刘二豆”，特色是将萌宠人格化，配上萌萌的配音，演绎狗血剧，目前抖

抖音星图头部达人报价表（部分）

名字	粉丝数/万	1-20S 视频报价/万	21-60s 视频/万	接单数
会说话的刘二豆	4166	52	78	1
一禅小和尚	4009	39	58.5	0
七舅脑爷	2777	36.4	54.6	2
黑脸V	2490	78	117	0
papi酱	2261	78	117	1
代古拉K	2211	45.5	68.25	4
山村小杰	1761	17.16	25.74	2
忠哥	1628	39	58.5	0
办公室小野	1328	26	39	0

图 7－9　抖音星图

音的粉丝达到 4520 万，其背后的 MCN 是北京好看文化。

“一禅小和尚”是报价单里唯一一个虚拟网红，其背后的 MCN 是大禹科技，旗下还有一个全网粉丝千万的大号“奔波儿灞与灞波儿奔”。除了短视频，这家公司还做游戏自研，从粉丝量和营收角度目前稳居国内 MCN 的第一梯队。

“七舅脑爷”“代古拉 K”和“办公室小野”，背后的 MCN 是洋葱视频。这家公司厉害的地方是创始人是电商出身，目前公司电商收入占 70%，广告仅占 30%，有强大的变现能力，也稳居国内电商第一梯队。

那些头部网红背后都是有组织的，抱团作战的优势一方面可以得到组织的培训和大号的带量，另一方面也可以抱团提高与平台方的谈判能力。不过，抖音在和机构合作上较为强势，2018 年 12 月开始达人可以和机构直接合作，对达人零提成，抢夺机构的饭碗。账号粉丝多了，广告合作如何取舍，还得看以后的抖音政策。

6. 实体店引流

实体店利用抖音做引流的案例越来越多。重庆的汇山城火锅店依靠火锅姐小辉辉（图 7－10）的舞蹈爆火。一个火锅店的普通员工，因为会跳舞，比较活泼，吸引了大量粉丝去店内看她。小辉辉也已经从一个普通服务员，晋升为联合股东。

图 7－10　小辉辉的账号截图

图 7－11 和图 7－12 这两个账号，实际上是做微整业务的。他们找一个看起来像是微整过的，显得非常漂亮的女孩子晒自己的日常生活。因为

图 7－11　白医生账号截图

她的鼻子、眼睛整得非常好，下面很多评论就问鼻子在哪做的。这样就可以把客户从线上引流到整形店。

图 7－12　开心小凡凡账号截图

第八章

抖音电商与抖音广告

抖音电商增长速度迅猛。2018 年 4 月 2 日，今日头条推出电商广告投放工具鲁班，专门为电商投放精准广告，展示位包括今日头条 APP、火山视频和西瓜视频。

抖音也纷纷上线自己的商业化及电商领域产品，并持续运营深化。如 DOU +、抖音购物车、商品橱窗、直播橱窗、蓝 V 企业号、POI 认领、电商研习社……产品和电商教学工具的不断放出，让达人和商家既喜也忧。喜的是终于可以突破广告的桎梏，获得更具长远效益的流量转化方式，忧的是面对崭新的工具不知如何运用，担心一不小心就被善用工具者拉开很大的差距。既有做与不做的纠结，也有怎么做的困惑。

2018 年 5 月 17 日，淘宝内容生态负责人闻仲表示，会探索短视频在淘宝的运用，不断细化拍摄模板，打造至少 100 个短视频的基地，让商家能派单生产短视频，并探索更多互动类短视频。

也曾有传言称，淘宝会给有短视频的商品更高的搜索权重，引得一大波淘宝商家开始踏足短视频制作。其中，不少商家顺手就把商品详情里的短视频转到抖音，完成了和抖音的第一次亲密接触。

对未知事物的迷茫恰如与网友初见。“不怕做错，只怕不做。”第一步轻轻踏出，内容开始集聚，电商短视频眼看大势将至。

一、抖音电商功能简介

1. 抖音电商功能包括内容

个人主页橱窗、视频电商、直播电商 3 个功能。

2. 如何申请

在“设置”中，找到“商品分享功能”，点击“立即开通”。抖音账号零粉丝可申请抖音电商功能，只要完成实名认证、发布视频数量大于等于 10 个，就可以开通电商功能。具体步骤如图 8－1 所示。

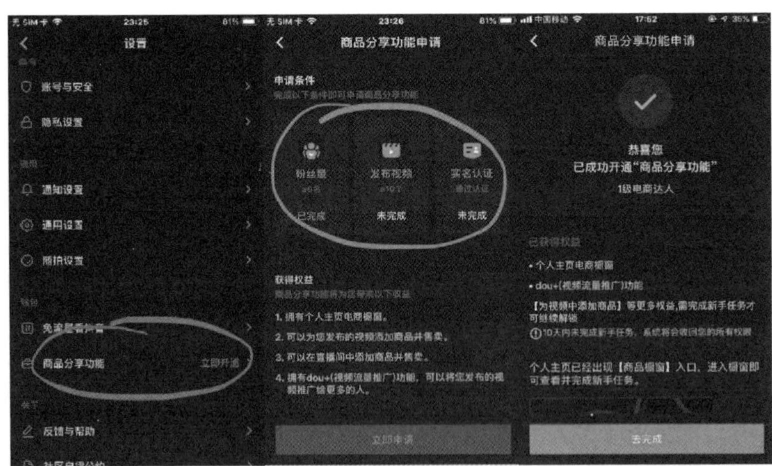

图 8－1　抖音电商功能申请步骤

申请成功之后，需要申请“个人主页橱窗”权限，完成新手任务，也就是在橱窗里添加 10 个商品等待审核（审核时长一般 24 小时内），如 10 天内未完成添加 10 个商品，权限会被收回，权限被收回后，7 天内不可再次申请。橱窗权限通过后，才能解锁“视频电商权限”，发布两个带有购物车的视频（注意商品要和视频内容有相关性）。有视频电商权限且有直播权限的账号，自动开通“直播电商权限”。

3. 购物车和抖音小店、淘宝店的区别

橱窗、购物车是抖音添加商品卖货的功能，支持添加淘宝店和抖音小店的商品。

抖音小店是抖音为自媒体作者提供的内部电商变现工具，帮助自媒体作者拓宽内容变现渠道。店铺开通之后，可以在头条号、抖音、火山个人主页展示个人的店铺页面。商品可以通过微头条、视频、文字等多种方式进行展示曝光。粉丝可以在今日头条、西瓜视频、火山、抖音 APP 内进行内容获取、商品购买，购买用户可以直接转化为粉丝，帮助形成完整的流量闭环，获得更大的成交和收入。

抖音小店相当于淘宝店，不过小店没有独立 APP，需要在电脑端把商品上传到后台。

抖音小店优势：小店商品可以直接在抖音 APP 内部支付购买，不需跳转到淘宝店，最大化降低跳失率。

抖音小店跟放心购是两回事儿。抖音小店的商品可以挂到橱窗和购物车，而放心购的不能。

4. 如何在个人主页橱窗和视频中添加商品

橱窗功能开通后，点击个人主页“商品橱窗” – 右上角“电商工具箱” – “商品橱窗管理”添加商品。发布视频的同时添加商品，视频发布后不支持添加商品。

（1）商品要加淘宝客。添加商品时提示“该商品还未加入淘宝客，请选择其他商品”或者“该商品无法添加，请选择其他商品”。

“淘宝商品”只支持加入淘宝客推广的商品，出现以上提示说明添加

的商品还未加入淘宝客或加入还未生效（加入淘宝客24小时后生效）。如果添加的是自己淘宝店的商品，需复制商品淘口令，打开淘宝联盟APP，通过弹窗提示来检查商品是否成功加入淘宝客；如果添加的不是自己店铺的商品，下载淘宝联盟APP（淘宝联盟商品都已加入淘宝客），选择商品并复制链接添加。

（2）dsr标准。店铺的dsr（描述、服务、物流）要求：除服装类的标准大多为描述高于等于行业平均，服务、物流不低于4.7分。添加商品时提示“不支持{描述低于行业平均}的商品推广，请选择其他商品”，说明该商品所属的店铺没达到抖音要求，需要先提升店铺dsr或者添加其他店铺的商品。

（3）禁售品类。禁售商品类：医疗类、成人用品、投资金融类、安防工具类、管制刀具、违禁工艺品、收藏品类、高仿产品、殡葬、烟草制品、妨害正常秩序产品、危险物品、三无产品、宗教类、内衣、宠物活体、蓝光美牙仪、水晶泥等商品暂不支持售卖。

（4）商品标题关键词。添加商品时提示“不支持××推广，请选择其他商品”，检查该商品标题是否存在屏蔽词，比如商品标题中不可以出现抖音、抖音同款、抖友等文字。仔细检查标题，在淘宝修改生效后再提交。

5. 抖音小店的入驻流程

访问网址：https://fxg.jinritemai.com。

第一步：

选择“抖音账号”登录（重要！一定要登录自己的抖音号，才能把账号和抖音号绑在一起）。登录界面如图8－2所示。

第二步：

根据你的实际情况，选择“个体工商户入驻”或“企业入驻”，如图8－3所示。

（1）个体工商户入驻流程

A. 资质信息

图 8－2　抖音小店登录界面

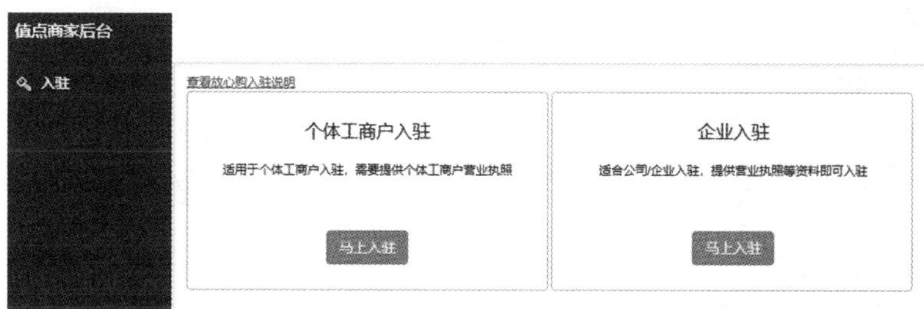

图 8－3　入驻形式

进入个人入驻页面之后，先填写个人身份信息部分。证件照需要清晰，分辨率支持识别到有效的个人信息。个人入驻页面如图 8－4 所示。

B. 店铺信息

填写店铺的主营类目、店铺的名称、上传店铺的 LOGO。

C. 结算开户：账户信息

填写开户类型，银行卡信息。个体工商户入驻的店铺，开户类型必须选择企业或者个人。（审核时间：1～3 个工作日）

D. 签署在线合同

店铺审核通过后，可以签署在线合同（图 8－5）。（签署在线合同后，才可以进行正常结算）

E. 缴纳保证金

保证金根据店铺主营类目缴纳，如选择多个一级类目时，保证金按所

图 8－4　个人入驻页面

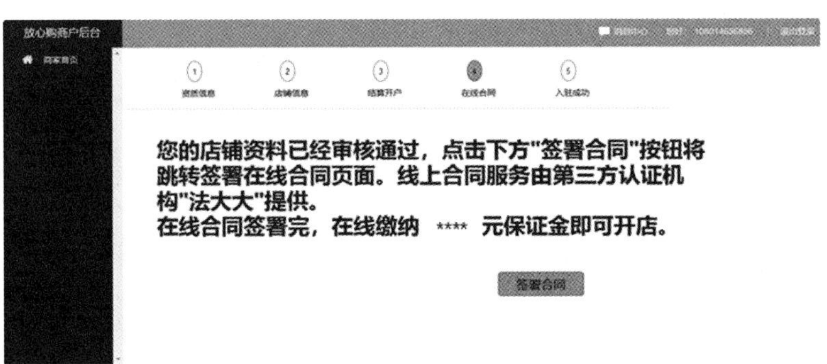

图 8－5　签署在线合同页面

选类目的最高保证金缴纳。

F. 店铺开通成功

（2）**企业入驻流程**

A. 主题信息提交

填写入驻基本信息、企业法人基本信息、企业主体信息等，内容真实即可。

企业数字证书申请表（图8－6）：需要下载打印，填写全部信息，签字、盖章后上传。（审核时间：1～3个工作日）

法大大
Fadada.com

企 业 数 字 证 书 申 请 表

一、机构（企业）信息（必填）

机构名称 ____________________

机构注册代码 ____________________（已三证合一的企业或单位，请填写18位的统一社会信用代码）

法定代表人/负责人姓名 __________ 身份证号码 __________

二、账户管理人信息（必填项，管理人可以与法定代表人相同，也可以授权其他人员代理账户管理）

管理人姓名 __________ 身份证号码 __________

图8－6 企业数字证书申请表

B. 打款验证

主体信息提交后，“法大大”会向企业的对公账户打一笔随机款。“法大大”认证成功后，商户登录商户后台，填写收到的打款金额。

C. 店铺填写提交

须填写店铺LOGO、其他行业资质及第三方店铺链接。（审核时间：1～3个工作日）

D. 签署在线合同

店铺审核通过后，可以签署在线合同。（签署在线合同后才可以进行正常结算）

E. 缴纳保证金

保证金根据店铺主营类目缴纳，如选择多个一级类目时，保证金按所选类目的最高保证金缴纳。

F. 企业资质入驻店铺结算开户

店铺成功开通（签署在线合同，已缴纳保证金）后，可以申请结算开户。点击“资产”－“银行账号管理”。

提交完相应资料之后，耐心等待。抖音会第一时间帮企业完成审核，可通过抖音小店后台，持续关注审核状态。

6. 抖音小店能否让达人带货

答案是可以的，有两种常见方式：

（1）多抖音号挂同一店铺。适合同一人或同一个机构有多个抖音号，且流量需要导入同一个店铺的需求。

（2）商品复合且希望进入精选联盟，找对应运营评估，如评估符合要求可添加进入精选联盟白名单。商品设置佣金后，其他抖音达人即可通过精选联盟选择你的商品进行推广带货，成交订单达人可以赚取佣金。

二、抖音四大广告方式介绍

企业可以通过自行创作短视频内容，吸引粉丝进行低成本的营销转化、品牌传播，也可以通过和抖音官方进行广告合作，快速推广产品及业务。

抖音的广告推广，是快速营销的工具，目前来说推广价格相比较百度优化、淘宝直通车等平台，具有一定的性价比优势。

抖音平台的广告方式主要有四种：品牌广告、竞价广告、达人合作、挑战赛，推广目标主要是：品牌传播、产品销售、粉丝积累。如图 8－7 所示。

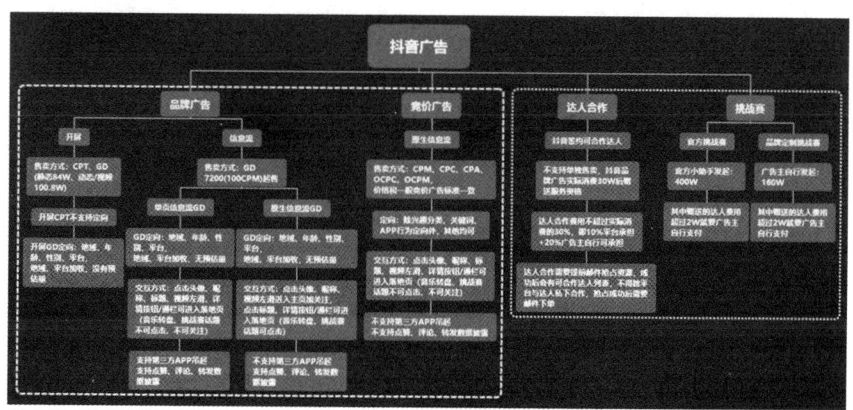

图 8－7　抖音平台的广告方式

1. 品牌广告

品牌广告主要的呈现方式是抖音的开屏广告和信息流广告。抖音拥有 4 亿以上的用户，开屏广告自然价格高昂。抖音官方报价是静态广告 84 万元，动态及视频广告 100.8 万元。

图 8－8 抖音品牌广告报价

抖音的“首页”推荐内容栏，是单页信息流广告曝光展示的位置（图 8－9）。信息流广告可进行 GD 定向投放（对地域、年龄、性别、平台进行定向投放）。

图 8－9 单页信息流广告

我们平时刷抖音时，刷出来的广告基本上都是信息流广告。广告商可定制 5～30 秒的视频，在推荐频道里被展现。

2. 竞价广告

抖音有四种竞价广告形式：CPM、CPC、CPA、OCPM。企业开通抖音电商广告账号后，可以自行决定投放模式和投放费用。

CPM，是一种按照曝光量进行付费的广告形式，也可以理解为按照展示付费。比如抖音的 DOU +、开屏广告、信息流等，都含有这种广告。DOU + 的收费标准（图 8－10），如果是按照智能曝光（普通曝光），100 元可以展示给 5000 + 用户；如果进行自定义投放，或达人相似度投放（选定和达人粉丝相似的人群进行投放），相对精准的人群曝光，价格就相对升高。

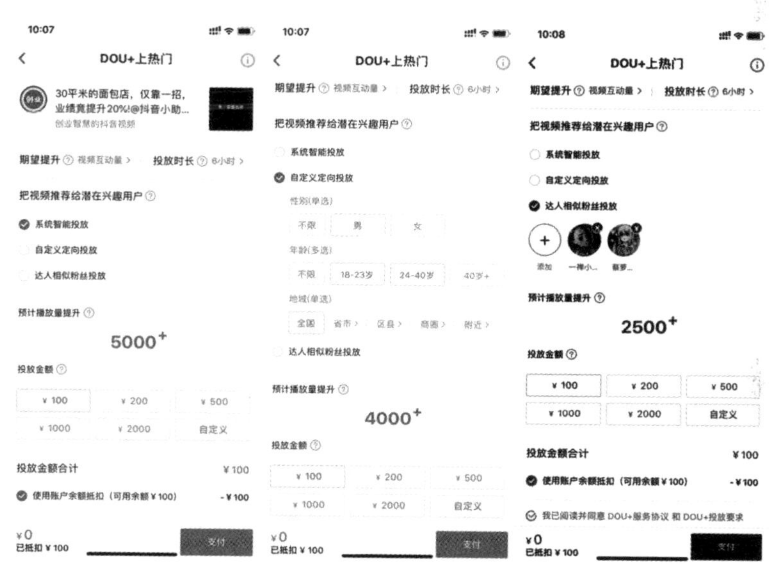

图 8－10 DOU + 的收费标准

开通抖音电商账户之后，千次曝光费用在 20 元左右，可以对性别、年龄阶段、地域等进行精准锁定。

CPC 是按照点击付费。用户看到广告不收费，点击广告链接，才算完成付费。平均点击一次，价格在 0.3～0.6 元不等。价格不是固定的，会根据运营优化、竞争数量不同，高低不等。

CPA 是指按行为付费，即按广告投放的实际效果计价。比如按回应的有效问卷、添加的联系方式，或完成成交订单来计费，而不限广告投放量。CPA 相对精准，客户看完广告，又愿意留下详细的电话号码和个人信息，是相对精准的客户，后续转化率较高。但是，CPA 价格相对较高，一份完整的联系方式表单价格在 50～300 元。如果每单利润低于广告费用，就会亏损。企业要根据自身产品利润、后续转化、营销目标选择。

OCPM，是先通过 CPM 模式对广告进行曝光展示，有效成交客户时，技术会对成交的客户类型、客户特点等进行再次分析，第二次推广时会根据分析后的精准数据再次进行曝光展示。以此类推，OCPM 刚开始的成本较高，但是随着后续推广的客户的精准度越来越高，成本相对越来越低，效果越来越好。

从广告价格上来看，CPM 的价格相对较为低廉，CPA 的价格要高很多，OCPM 和 CPC 居中。需要指出的是，这里说的价格只是表面价格，不等于性价比。一般情况下，CPA 的性价比相对固定，而 CPC、CPM 则根据网站对用户的黏性不同而有区别，OCPM 性价比较高。

3. 达人合作

大量的抖音网红动辄有着数百万、数千万的粉丝。每一个抖音大号就相当于一个私人电台，拥有私人粉丝的围观。如果企业产品的目标消费人群，刚好和达人的粉丝调性吻合，和达人进行广告合作是非常精准的广告方式。

抖音为了更好地方便企业做品牌推广、找达人合作，打造出“星图”网络平台（图 8－11），可以让达人和商家直接进行内容的交易与管理。可以在星图上找到和品牌调性符合的达人，进行品牌推广合作。在星图平台，企业可以选择适合的达人，并发布视频任务，达人制作出让企业满意的作品后，在账号进行发布、传播。星图平台轻松解决了视频制作难题，让企业轻松玩转品牌营销。

星图平台网址：https：//star. toutiao. com。

企业和个人也可以通过抖音的内容创作，使自己成为抖音达人，享受粉丝增长的收益。

4. 挑战赛

为了最大化传播品牌，抖音制定了挑战赛广告模式（图 8－12）。企业可以通过发起挑战赛，通过玩法规则定制、多广告传播、多达人互动、贴纸定制等方式，让品牌和用户共创传播内容，最大化传播品牌。

挑战赛相当于整合了抖音大量的广告资源、达人资源，同时利用私人定制权限等资源，最大化与用户进行互动，进而达到快速海量传播品牌的效果。当然，由于整合资源较多，费用也相对较高。具体合作模式及费用，企业可以和抖音各地分公司人员交流。部分报价请参考图8－13。

图8－11　星图平台宣传界面

图8－12　挑战赛广告模式

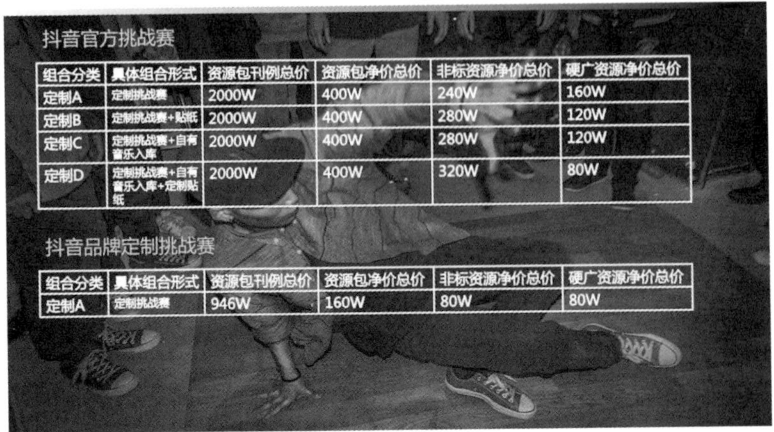

抖音官方挑战赛

组合分类	具体组合形式	资源包刊例总价	资源包净价总价	非标资源净价总价	硬广资源净价总价
定制A	定制挑战赛	2000W	400W	240W	160W
定制B	定制挑战赛+贴纸	2000W	400W	280W	120W
定制C	定制挑战赛+自有音乐入库	2000W	400W	280W	120W
定制D	定制挑战赛+自有音乐入库+定制贴纸	2000W	400W	320W	80W

抖音品牌定制挑战赛

组合分类	具体组合形式	资源包刊例总价	资源包净价总价	非标资源净价总价	硬广资源净价总价
定制A	定制挑战赛	946W	160W	80W	80W

图 8－13　挑战赛部分报价

第九章

抖音四大禁忌

2019 年两会及 3·15 前后，很多抖音账号出现被限流、被封号现象，让很多抖音玩家摸不着头脑。实际上是这些账号触碰了抖音的相关禁忌，触碰了抖音的红线。

抖音作为一家公众性媒体平台，对内容的质量和内容安全要求较高。再加上今日头条的“内涵段子”因为含有大量不健康内容，被广电总局封杀，抖音自然不会再犯同类错误。对于抖音的内容及相关管理，有一些不成文的规定。

一、违规视频内容禁忌

1. 内容全是粗暴生冷的硬广

利用抖音拍摄产品进行卖货，非常正常。但是如果你的内容全是未经加工的、粗糙的、毫无艺术价值的、像素差的生冷硬广，就会被抖音判为垃圾内容，自然不会给你分配流量。经常发布硬广的账号，一定会被降权、限流，重者封号处理。

2. 内容不美观

没有专业剪辑，内容制作不用心，拍摄素材模糊不清晰，道具、演员、场景一无是处，同样获得不了更多推荐。画面美、音乐美，是抖音最初的“样子”。抖音鼓励优质漂亮的内容，要么呈现精美的“花瓶”，要么表现出色的“内涵”。

二、非抖音平台的引流禁忌

2019 年 3 月 20 日，天津市滨海新区人民法院公布了针对腾讯申请行为保全的裁定结果，要求抖音立即停止将微信、QQ 开放平台授权登录服务提供给多闪使用的行为。实际上，“头腾大战”业内早已有目共睹，今日头条和腾讯早已多次交锋。

图 9－1 留微信号方式

微信和抖音如今势同水火。抖音的内容无法直接分享到微信里，抖音也禁止用户转移粉丝到微信。如果你一味用抖音给微信引流，会很容易被抖音判定为垃圾号，很可能被限流或封号。个人介绍的签名、视频里的内容，都要十分慎重。目前很多达人留微信号，都用“VX”字母代替，不敢直接打出“微信”字样（图 9－1）。但是这么做依然风险重重，粉丝数低于 1 万者，不要留联系方式。如果你的粉丝在 100 万以下，一定要注意这一禁忌。

三、抖音账号的作弊禁忌

异常刷粉，会被抖音判定为垃圾号，会被降低权重。刷粉的账号，一般情况下点赞数没有粉丝数多，如图9-2所示，一看就是刷粉的账号。

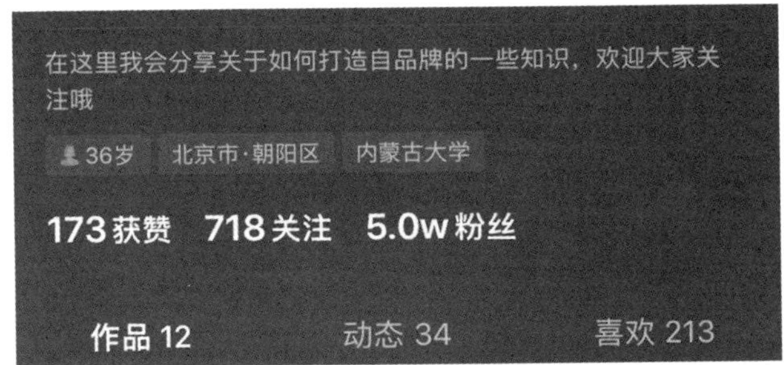

图9-2　刷粉账号数据截图

再看一下笔者的账号（图9-3），点赞数比粉丝数要多，这才是正常的账号。粉丝点赞要比关注方便，所以点赞数一定是超过粉丝数。

图9-3　笔者的账号数据截图

四、抖音内部规则禁忌

注册抖音时，都会默认签署一份“用户协议”，应自觉遵守法律法规、社会主义制度、国家利益、公民合法权益、社会公共秩序、道德风尚和信息真实性等七条底线，并且不得发布以下内容：

（1）反对宪法确定的基本原则的。

（2）危害国家安全，泄露国家秘密。

（3）颠覆国家政权，推翻社会主义制度，煽动分裂国家，破坏国家统一的。

（4）损害国家荣誉和利益的。

（5）宣扬恐怖主义、极端主义的。

（6）宣扬民族仇恨、民族歧视，破坏民族团结的。

（7）煽动地域歧视、地域仇恨的。

（8）破坏国家宗教政策，宣扬邪教和迷信的。

（9）编造、散布谣言、虚假信息，扰乱社会秩序、破坏社会稳定的。

（10）散布、传播淫秽、色情、赌博、暴力、凶杀、恐怖或者教唆犯罪的。

（11）危害网络安全、利用网络从事危害国家安全、荣誉和利益的。

（12）侮辱或者诽谤他人，侵害他人合法权益的。

（13）对他人进行暴力恐吓、威胁，实施人肉搜索的。

（14）涉及他人隐私、个人信息或资料的。

（15）散布污言秽语，损害社会公序良俗的。

（16）侵犯他人隐私权、名誉权、肖像权、知识产权等合法权益内容的。

（17）散布商业广告，或类似的商业招揽信息、过度营销信息及垃圾信息。

（18）使用本网站常用语言文字以外的其他语言文字评论的。

（19）与所评论的信息毫无关系的。

（20）所发表的信息毫无意义的，或刻意使用字符组合以逃避技术审核的。

（21）侵害未成年人合法权益或者损害未成年人身心健康的。

（22）未获他人允许，偷拍、偷录他人，侵害他人合法权利的。

（23）包含恐怖、暴力血腥、高危险性、危害表演者自身或他人身心健康内容的，包括但不限于以下情形：任何暴力和/或自残行为内容；任何威胁生命健康、利用刀具等危险器械表演的危及自身或他人人身及/或财产权利的内容；怂恿、诱导他人参与可能会造成人身伤害或导致死亡的危险或违法活动的内容。

（24）其他违反法律法规、政策及公序良俗、干扰“抖音”正常运营或侵犯其他用户或第三方合法权益内容的其他信息。

除此之外，抖音社区规范的要求也是禁忌之一，务必慎重。

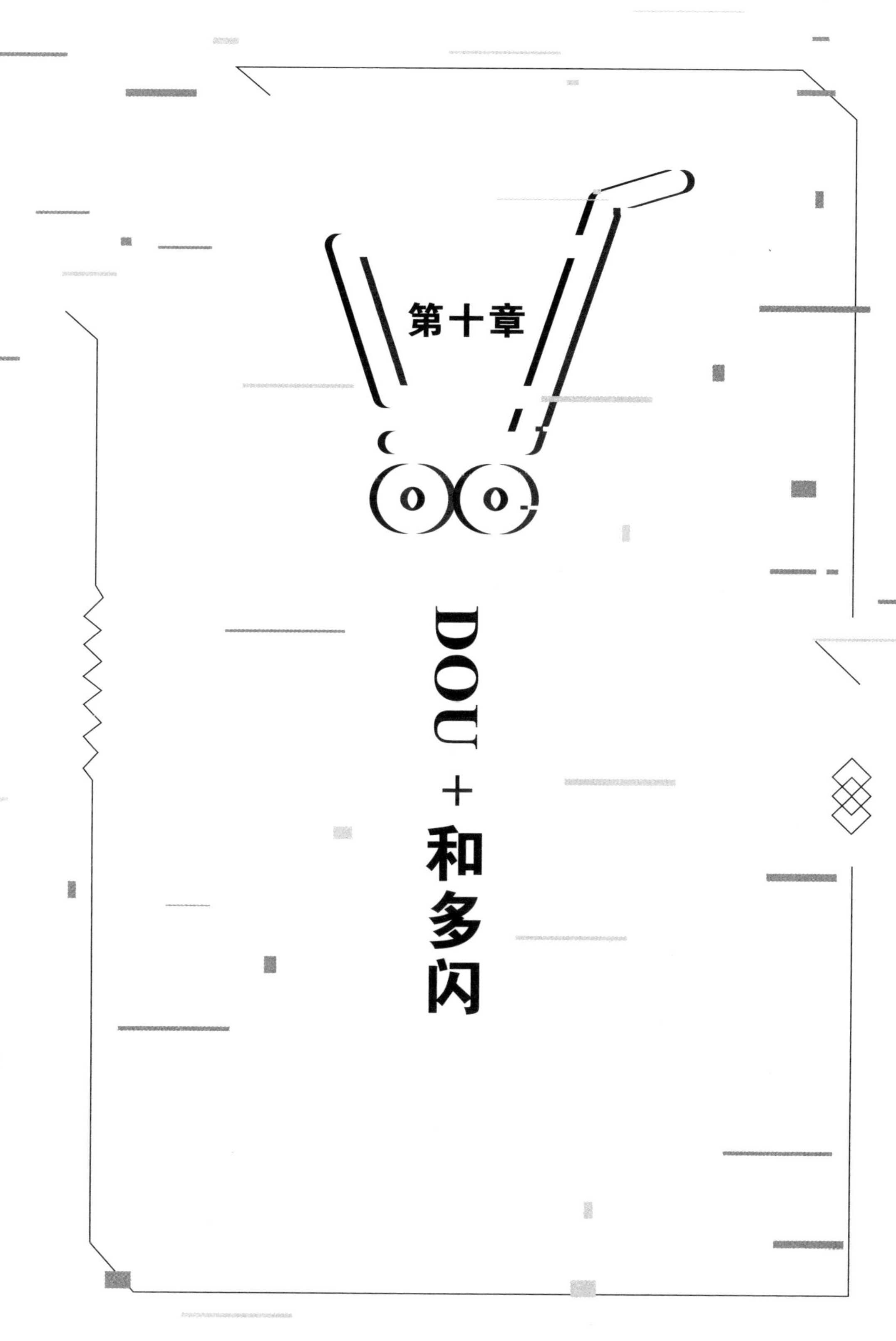

第十章

DOU+和多闪

DOU + ，是抖音推出的自助式视频加热工具，购买使用后，可以将视频推荐给更多感兴趣用户，提升视频的播放量、互动量。一个视频发布久了，热度就会降下来，利用 DOU + 可以购买更多流量，重新激活视频。DOU + 是抖音视频的自助式广告投放工具（图 10 – 1）。

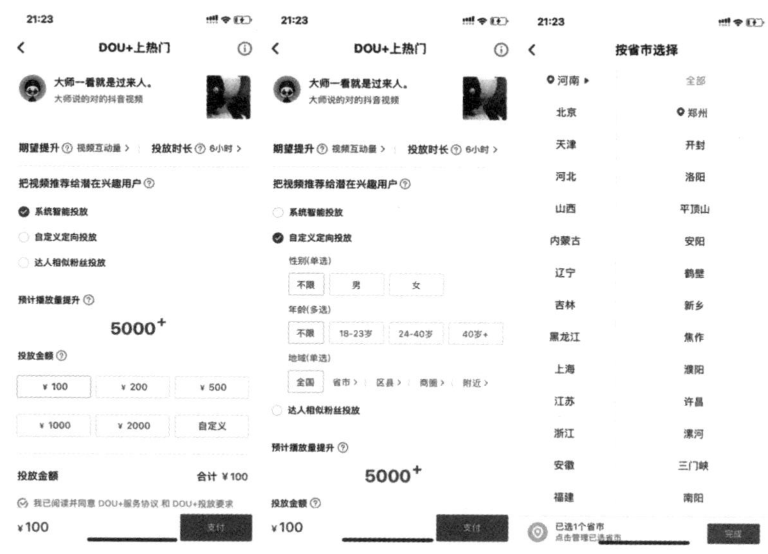

图 10 – 1　DOU + 购买页面

目前 DOU + 的推送支持智能推送、自定义推送两种推送模式，推送越精准，价格相对越高。自定义推送可以精准到城市方圆 6 公里以内的区域，对实体店的区域性营销推广价值巨大。

目前，DOU + 的推广成本不高，智能推荐是千次曝光 20 元，100 元会推荐 5000 + 流量，平均每个信息的展示成本不超过 2 分钱。相比较百度优化、直通车、线下广告，成本要低得多。现在印刷一个宣传单页的成本也在 1 ~3 角，如果派人去发宣传页，人工成本加上印刷成本，在 5 角以上。DOU + 的成本优势显而易见。

一、如何投放 DOU +

DOU + 投放一般有两个通道，第一个是在 DOU + 管理的页面进行投放和订单查看。点击“我”，进入图 10 – 2 图一界面。点击右上角的“≡”，进入“设置”界面，选择“DOU + 订单管理”，进入 DOU + 管理页面。可以投放 DOU + 广告，也可以查看投放的金额和数据。

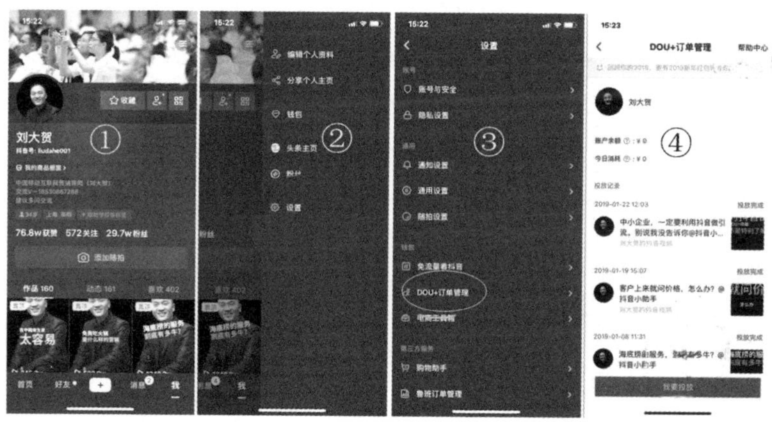

图 10 – 2　DOU + 管理页面投放和订单查看步骤

第二个通道是直接点开要推广加热的视频，进入视频播放页，点击视频右下角的转发按钮，选择“上热门”，就可以进入下单支付页面。购买流程如图 10 – 3 所示。

DOU + 不但可以投放自己的视频，还可以投放别人的视频。如果发现

图 10－3　单个页面视频购买 DOU＋流程

别人的视频对自己有利，或者想帮助别人，就可以为对方提供 DOU＋推广。

用了 DOU＋的视频，会出现在首页推荐信息流里。通过高效能推荐算法，视频会展现给对该视频可能感兴趣的潜在粉丝。

什么样的视频可以投放 DOU＋？

（1）必须是原创视频。内容完整度好，视频时间不低于 7 秒。

（2）视频内容本身不能含有其他 APP 水印，不能使用非抖音站内的贴纸或特效。

（3）内容优质有趣，多参与挑战，多使用热门音频。

二、什么样的视频不能投放 DOU +

1. 违反“社区内容规范”

不能涉及国家领导人、公检法军、国徽国旗等形象或词语。不能借社会负面事件、热点事件、敏感事件、红歌军歌、革命烈士等进行商业营销宣传。

不能涉及邪教宗教、封建迷信、反动组织等相关元素。不能涉及违法违规、低俗色情、血腥恐怖相关元素。

不能出现违反公序良俗、社会价值观相关元素，比如出轨、家暴、炫富、歧视、引战、抽烟、脏话、整蛊、恶搞、虐待等。

不能出现危险行为和危险动作，易引发人身安全风险。不能泄露和曝光个人隐私或个人信息。

不能出现密集恐惧、血腥暴力、引人不适等相关元素。

2. 违反版权法

不能使用未授权的第三方的名字、Logo、形象、图片、音频、视频等。

不能使用抖音平台不能出现的艺人、红人相关素材。不可使用未授权的影视剧、综艺片段等素材。

不可搬运站内外视频。

3. 违反未成年人相关规定

未成年不能作为代言人拍摄商业营销内容。

未成年可参与营销视频的拍摄，但不能单独出境。

高风险行业（食品、美妆、游戏、酒水、医疗、OTC 药品、医疗器械、皮草等）严谨出现任何未成年人相关元素。

4. 违反抖音内容营销规范

不可出现联系方式、微信号、二维码、链接、地址、日期等元素，或引导主页、评论等查看联系方式的相关话术。

不可出现促销活动、商品价格、打折信息、优惠券红包、引导购买、站外平台导流等招揽信息。

不可对商品、产品或服务等进行细节性的产品描述（材料、外观等）或吹捧性的效果介绍。

不可在视频开头或结尾出现定帧，常见于品牌露出、活动介绍、产品宣传等。

不可长时间主题展示商品、产品、品牌、Logo 等。不可以抽奖、送红包等形式引导用户点赞关注。

不可在标题直接露出品牌，可植入性提及品牌，但不能有吹捧性质的效果引导。

三、DOU + 的价值和问题

看了那么多的规则限制，很多生意人就疑惑了，DOU + 审核这么严格，品牌、营销都不让露出，那该怎么做广告呢？凭什么要做 DOU + ？其实，DOU + 的主要价值在与激活原本低迷的视频，让热度下降的视频的活跃度重新提高。其目的是传播内容和吸引粉丝，核心在于提升品牌，卖货属性低于品牌传播属性。

山东有一位做饮料的朋友，做了一款小猪佩奇的饮料，在抖音花了几百万做话题推广，结果小猪佩奇的活动很热，数亿人次播放量，可是这家企业的产品却没有卖出去多少。实际上这是对抖音的属性不了解，策划不专业造成的。做传播首先要明白自己的目标，是吸引粉丝，是传播品牌，还是直接卖货。不同的目的，要做的视频完全不同。

这家饮料公司的广告传播了品牌，小猪佩奇再次火爆网络。可是，小猪佩奇在中国的授权厂商非常多，本次广告相当于山东厂家给品牌方做了广告。如果小猪佩奇是自己的品牌，这样的传播就非常有价值。如果这家企业注重的是吸引粉丝关注，或直接卖货，设计策划时就要直接引导账号关注或用产品的优势吸引潜在粉丝关注或购买。

DOU + 视频都会被审核，审核时长白天一般 0 ~ 1 小时，夜间稍微长一些。如果审核不通过，投放费用预计 3 ~ 48 小时内会退还到 DOU + 的账户中。退款可以在“我” – 右上角“…” – “DOU + 订单管理”（图 10 – 4）

中查看，可用于下次的 DOU + 投放。

图 10-4 “DOU + 订单管理”页面

更多 DOU + 功能及细节介绍，请在“我” - 左上角“≡” - “设置” - “DOU + 订单管理” - “帮助中心” - “查看常见问题”里面，查看更多（图 10-5）。

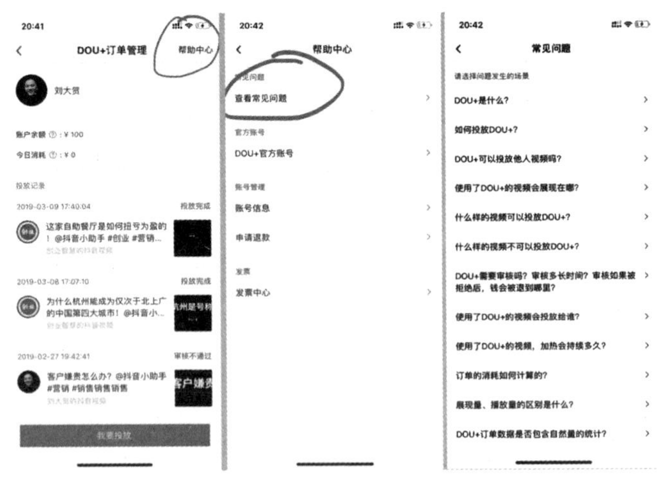

图 10-5 更多 DOU + 功能及细节介绍

四、多闪介绍

抖音上线了一款聊天软件——多闪 APP，可以用非常炫酷的视频进行聊天，最重要的是和微信一样，可以转账支付。这样就避免了抖音用户向微信引流，方便抖音社交电商的转化。

实际上，笔者认为多闪和阿里旺旺类似。在淘宝、天猫上购买产品，商家和客户之间的交流就是用阿里旺旺。可是至今为止，阿里旺旺依然是为了方便电商交流，并未成为撼动 QQ、微信的社交软件。多闪的目的是方便抖商变现，不用再引流到微信上，直接在多闪可以成交。多闪的推出也是微信封杀抖音后，抖音做出的反制措施。

多闪下载方式很简单，可以在抖音直接搜索“多闪”，关注多闪抖音账号，下面就有下载链接，也可以直接在手机下载软件。

多闪有一个不错的亮点，就是可以进行个性化的视频聊天，估计很多年轻人会喜欢。不过微信已经成功抢占了社交软件品类认知，多闪未来会发展成什么样，微信会不会推出类似功能，我们只能拭目以待。

第十一章

抖音的商业趋势

一、中国的三大流量机遇

1. 线下流量的争夺战

做任何生意，拥有流量，才能稳赢市场。在 20 世纪 90 年代，流量的核心来源主要是线下的门店。做生意争夺的是旺铺、商圈、地段和渠道数量。位置好人流就会多，渠道广，生意自然遍天下。

著名的地产企业家潘石屹说过："好的楼盘，就三个标准：地段、地段、地段。"可见线下门店位置的重要性。杭州的娃哈哈，最高峰拥有 3 万多家经销商，网络遍及全国 2862 个县。南到海南，西到喀什，北到漠河，东到上海，中国的天南海北每一个角落，每一个村镇，都可以看到娃哈哈的产品。销售渠道的数量，帮助宗庆后多次蝉联中国首富。

2004 年，国美禁止格力在自己的渠道进行销售引流，格力空调与国美合作破裂。不得已，格力自建渠道，通过多年的努力，构建了自己的全国销售网络。庞大的线下网点，为格力产品带来了丰厚的线下流量，是格力能够成为行业领导品牌的核心支柱。格力自建的渠道，相对于国美、苏宁等大卖场，是更为优质的渠道网络，带来的消费人群更为精准。依靠高品质的渠道数量和渠道质量，2018 年，格力空调的整体营业额已经突破 1500 亿元，远远超过竞争对手。

2. PC 流量的替代之路

线下一直是企业争夺的核心战场，直到互联网的出现。2003 年开始，流量开始发生转移。百度的出现，一度成为PC端的流量之王，成为企业引流的核心工具。2003年，阿里巴巴等电商平台崛起，经过十几年的发展，已经成为线下生意最大的竞争对手。2017年，“双十一”当天，全网总成交额突破2500亿元。2018年“双十一”当天，全网总成交额已经高达3143亿元，增长近25%。网络客源已经成为商家拓客的主要渠道。

线上销售渠道越来越多，不断抢夺线下的生意。假如你是卖抽纸的超市，原先客户只能在自己的店里买，现在呢？消费者可以在淘宝、天猫、京东、拼多多等电商平台购买，可以在微信里下单，可以在抖音里选购，可以在美团下单，可以在百度网店购买，可以在微店、贝店等网络平台选购，线下超市面临着几十甚至数百家竞争对手，业绩下滑很正常。打败康师傅的不再是泡面，而是美团、饿了么等电商平台。滴滴的出现，干掉了传统出租车大量的生意。在互联网的冲击下，实体店越来越难以生存。

2018年10月，笔者在抖音分享了一个短视频，内容是“在中国做生意太容易，因为中国人太多了。拿河南省举例，无论是人口还是面积，都抵得上欧洲几个国家。所以，无论做什么生意，能在一个地区，一个渠道做好，就已经非常厉害了”。这段话本无可厚非，但在抖音却火了，一周内327.9万人点击、评论。粉丝几乎一边倒抨击、否定，大家对“在中国做生意，太容易”这个观点深恶痛绝，恨不能当面驳斥、论证，可见生意艰难的普遍性有多广。实际上，并不是生意真的难做，而是不懂互联网营销的生意越来越难。

二十世纪六七十年代的创一代，凭借胆大、心细，获得了第一桶金。但是面对全新的互联网却一筹莫展。有些人根本不懂什么是微信营销，什么是抖音营销，什么是电商，什么是百度优化。更有甚者，连邮箱是什么都不了解，对直通车、SEM、DSP、feeds、小程序、公众号、搜索竞价、视频贴片、二维码、口碑软文、信息流、点击付费、应用排行榜、APP、CRM、BD、落地页、搜索入口、直播、裂变、DMP、CPM、CPA、CPC等概念，更是像听天书。所谓的生意，只能是坐在店里，依靠客情，这种方式早已经落伍于这个时代。

3. 移动互联网的争霸潮

2014年开始，智能手机的普及让互联网从传统PC端向移动端转移，移动互联网成为影响人们生活的最重要的工具。人们的衣、食、住、行等方方面面，都可以通过移动互联网完成。BAT（百度、阿里巴巴、腾讯）、TMD（今日头条、美团、滴滴）成为全新的流量入口，逐步替代百度等传统 PC 端流量霸主，成为移动互联网新的主宰。

2017 年 8 月，中国互联网络信息中心（CNNIC）发布的《第 40 次中国互联网络发展状况统计报告》显示，截至 2017 年 6 月，中国互联网的普及率已经达到 54.3%，其中手机网民的规模为 7.51 亿，使用手机上网的网民比例达到 96.3%。

2016 年，今日头条的累计激活用户达 6 亿，1.4 亿为活跃用户，日活跃用户超过 6000 万；头条号日均阅读量超过 1.8 亿条（人均 30 条），用户平均阅读时长超过 76 分钟。微信的流量更不用说，作为一款高频次的社交 + 通信软件，微信的日活跃用户已经超过了 9 亿。移动互联网时代已经来临，所有的财富都将在移动互联网时代被重新分配。

（1）中国即将进入 5G 时代

2G 的下载速度约仅 9600 ~ 64kbps，而 3G 初期的速度则为 300k ~ 2Mbps，足足提升了 30 多倍。4G 的速度是 100Mbps，是 3G 的 50 倍以上。5G 可高达 10Gps，比 4G 再快 100 倍，可以轻松看 3D 影片或 4K 电影，可以轻松实现人与物、物与物之间的通信，实现万物互联。5G 网络，将最大化推动物联网（LOT）、智慧家庭等应用发展，将能容纳更多设备连接，同时维持低功耗的续航能力。

2G 时代，打电话信号都会很弱。3G 时代，打电话信号可以，但是上网网速太慢。4G 时代，上网可以，但是打开视频，在快速行驶的高铁、汽车上观看或者下载视频的同时看其他内容，依然会非常卡。5G 将是 4G 的百倍速度，最大化提升信息传播的速度和流量。

目前，中国的华为拥有世界领先的 5G 技术，已经实现 25 倍于 4G 的每比特能效。5G 时代，中国将是最早受益的国家。我们国家的互联网发展速度，比很多国家都要快，都要迅猛。未来 10 年，中国将进入 5G 时代，届时营销也将直接进入视频营销时代。

（2）短视频崛起的原理

人们获取信息，源自“眼、耳、鼻、舌、身”五种感官，味道、气味、触感、声音、色彩，是所有信息获取的源头，也是一切营销的基础。

科学研究发现，不同素材对人的营销效果大相径庭，感官素材越丰富，对人的影响越大，营销效果越明显，线下场景体验 > 视频 > 图片 > 声音 > 文字。客户如果无法亲临现场实地体验产品，最佳的移动互联网营销方法就是视频和直播。

所以，以视频为主的抖音，在 5G 时代，必将成为继微信、微博、电商等平台之后，全新的营销洼地。

在抖音蓝 V 的政策支持下，有人说，“两微一抖”（微信、微博、抖音）的时代正式来临。5G 促使了多元介质爆发，内容需求更加多样化，富媒体形态已是大势所趋。

这是一个最坏的时代，也是一个最好的时代，就看你是否能学得快，抓得住。

二、抖音凶猛的发展趋势

目前市面上有关于抖音营销的书籍并不多，大部分书籍在营销的系统专业度上欠佳。抖音的账户与粉丝之间的关系是：占比2.7%的头部账号视频，获得了80%的平台用户关注和参与。占比4.7%的头部账号，覆盖了97.7%的平台粉丝量。远远未达二八定律的范畴，流量机会非常巨大。

目前，抖音营销已经在快速普及，大批企业和个人依靠抖音得到了快速的发展。阿里巴巴、宝马中国、小米、滴滴、百度、肯德基、优酷、阿玛尼、三星、华为等品牌企业纷纷入驻，21.6%的中国500强企业已入驻抖音；黄渤、杨幂、周星驰、沈腾等明星也纷纷入驻抖音（图11-1）。

图11-1 入驻抖音的企业与明星账号

不只是商业企业入驻，2018 年抖音更是成为政务和媒体信息传播的新平台。抖音上拥有 5724 个政务账号，它们发布了 25.8 万个短视频，累计获赞 43 亿。抖音上拥有 1344 个媒体号，发布超过 15.2 万个短视频。比如四平警事、中国军事网、北京 SWAT、共青团中央、我们的太空、人民日报（图 11－2）、浙江卫视、人民网、央视新闻、江苏卫视、芒果 TV 等。

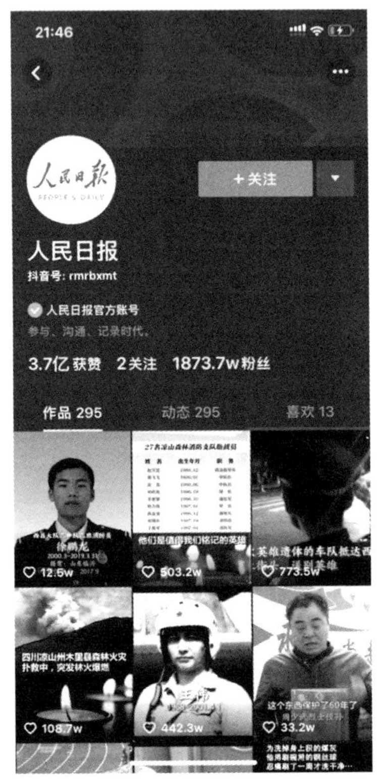

图 11－2 人民日报抖音账号截图

2017 年 10 月，抖音讨论热度开始飙升。QuestMobile 机构 2018 年 10 月的数据显示（图 11－3），抖音已经成为碾压美拍、火山、秒拍、快手的短视频爆款 APP，是中国短视频平台中，粉丝最多、活跃度最高、受众关注度最高、最具商业价值的平台。

2017 年全年，抖音用户规模翻倍，达到 4.1 亿，平均增长 116%。用户总使用时长已经增长 360%，单日使用时长增长了 44%，短视频消费占比增长到 46%。如图 11－4 所示，抖音在短视频行业的应用下载榜中，久

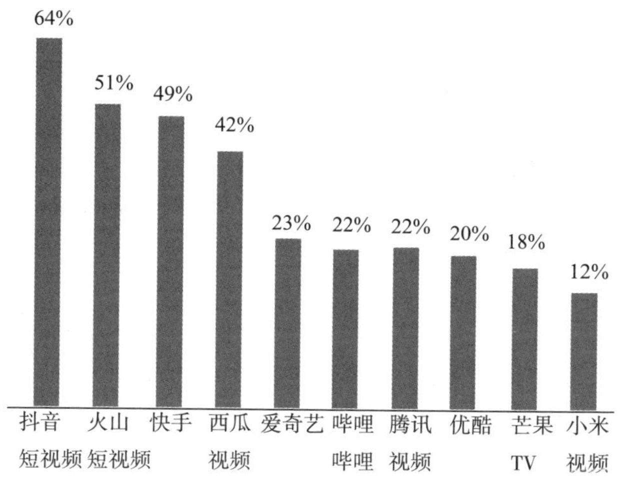

图 11 –3　QuestMobile 机构 2018 年 10 月数据

数据来源：QUESTMOBLE TRUTH

居榜首。目前抖音的日活跃用户已经突破 2.5 亿，月活跃用户高达 5 亿，仅次于微信，几乎全面进入抖音时代。

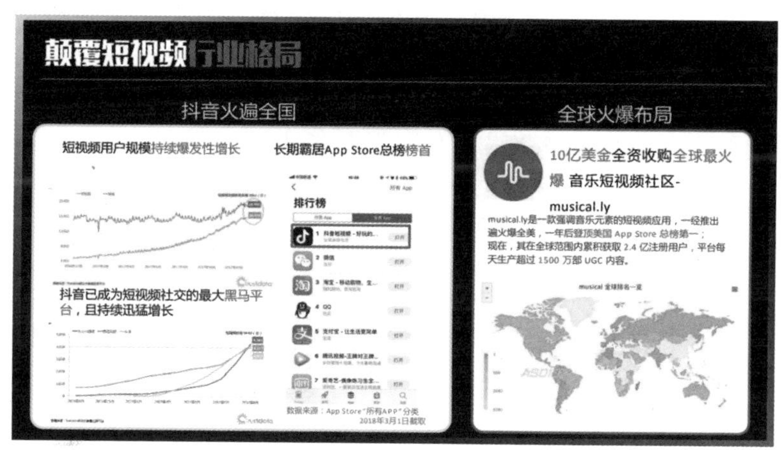

图 11 –4　抖音 APP 下载量排名

实际上，不只是中国，抖音自 2017 年在日本登上 App Store 总榜第一之后，抖音海外版 Tik Tok，已经成为日本主流视频类 App。据日本媒体日本经济新闻报道，每 100 个日本女生中，就有 24 个在玩抖音。而与此同时，自 2018 年以来，Tik Tok 开始席卷东南亚，在多个国家（菲律宾、马来西亚、印度尼西亚、泰国、越南等）的应用商店占据了视频类产品的第一（图 11－6）。

图 11－5　抖音海外版 Tik Tok

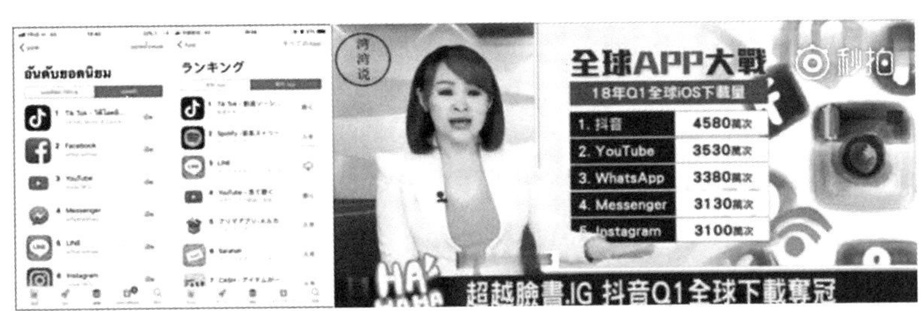

图 11－6　Tik Tok 占据部分国家视频类产品下载量第一

2014 年除夕夜，微信和央视春晚独家合作。依靠春晚大 IP 传播，微信的用户量得到了空前的增长。2014 年，也成了微商崛起的元年。

2019 年，抖音成了央视春晚独家的社交媒体传播平台，知名度和美誉度整体提升。2019 年的春晚，包括地方电视台在内，全国共有 239 家电视频道进行了同步播出。中国国际电视台（英、西、法、阿、俄频道）以摘播方式，通过 218 家海外合作方，在 162 个国家和地区落地播出。央视网、央视新闻新媒体全程直播。海内外收看春晚的观众总规模高达 11.73 亿。伴随着央视广告的推广，更多的国人及海外华侨用户，开始关注并注册使用抖音。大批用户涌入，2019 年必将是抖商崛起的元年。

一位杭州的电商朋友，通过抖音、快手电商，链接天猫网店，月销量高达 9133.65 万元（图 11－7），年销售额高达 10 亿。

大量产品通过抖音电商直接卖货，月销量上万件的案例比比皆是。化妆品、食品、家电、胶带、白酒、日化、教育培训、医疗美容等，几乎所有

天猫商城 zuzu旗舰店 店铺经营分析			
近30天销售额 ?	9133.65万元	近30天销量	665773件
平均日销售额	3044549.00元	平均日销量	22192件
经营数据	价格为108~138元宝贝销量占比36.67%，0销量宝贝20件占比15.04%，月销30件以下低销量宝贝62件占比46.62%，月销上千宝贝16件占比12.03%		

图 11－7　某电商数据截图

有行业，在抖音里都有成功的营销案例。就连政府机构、事业单位，都可以通过抖音积累粉丝，传播品牌，创造价值。

2017 年，头条的广告收入为 150 亿元，微博为 64 亿元，腾讯为 404 亿元。2018 年头条的广告收入目标是 500 亿元，抖音将实现 180 亿元的广告收入。2018 年，抖音的广告收入已经超越了微信的广告收入。

面对抖音凶猛的发展趋势，2018 年年底，微信开始封杀抖音，禁止抖音内容直接分享到微信，禁止抖音从微信里引流，也顺势推出自己的视频平台“微视”，誓与抖音一决雌雄。无独有偶，百度也顺势推出“全民小视频”，意欲分割抖音市场份额。不过，短视频目前已有快手和抖音二元崛起。在短视频品类里，抖音已经成功占位。为了挤占更多的品类市场，抖音又推出火山、西瓜视频，以及皮皮虾等富媒体，也是做足了竞争的准备。

微信封杀抖音，抖音自然也会采取封杀微信的措施。2019 年，抖音推出了自己的聊天软件“多闪”，自带支付功能。抖音社交电商可以直接使用“多闪”进行交流和交易，相信微信更是捏一把冷汗。

附录：中国新媒体平台的三大类型

1. 封闭式媒体

以微信公众号、QQ 公众号为代表，这类媒体在百度等搜索平台查询不到账号内的信息。如果粉丝不关注账号，很难看到账号内的内容，只能在微信朋友圈、微信群等特殊渠道查看。封闭式媒体在发展前期，需要营销推广，否则很难有粉丝积累。

微信公众号大家相对熟悉，QQ 公众号估计了解的人较少。2015 年 9 月 16 日，QQ 公众号对外公测。我们公司抢注了一个 QQ 公众号“快消品经销商”（当时腾讯公司在国内仅开放了 1000 个账号）。不过 QQ 公众号密码不可修改，要依托 QQ 号，后期很多地方不太完善。

尽管微信和 QQ 同属于腾讯公司，两者的竞争势头一直没有减弱过。为了继续在移动领域和微信抗衡，QQ 开放公众平台测试。与微信一样，QQ 公众账号也分为订阅号和服务号两类，前者倾向于信息推送，后者侧重功能服务。这一点与微信几乎没有太大区别。但是后期，腾讯内部为了避免微信公众号与 QQ 公众号的不必要竞争，并未重点发展 QQ 公众号。目前，QQ 公众号已经弱化，被迁移到了企鹅号平台（图 1）。

封闭式媒体的代表，自然是微信公众号。微信公众号的账号只能通过推广名片、二维码宣传等方式，被动等待关注，相对微博、今日头条、抖音等开放型媒体来说，想要增长粉丝量相对困难得多。

微信公众号一度是中国新媒体行业的一哥。2017 年，注册用户就已高达 2300 万。玩转微信公众号，也给了很多企业和个人创业变现的机会。2019 年，微信迎来 8 岁生日，这 8 年间微信除了取代 QQ 成为中国社交霸主，还通过公众号让内容创业得到了前所未有的繁盛，彻底改变了很多人的命运。

图 1　QQ 公众号迁移到企鹅号平台的通知消息

不过，自 2015 年开始，公众号打开率逐年降低，确实令很多运营者头疼，关于公众号红利期终结的讨论不时出现。根据新榜的统计数据，2018 年公众号平均阅读数比 2017 年下降约 33%，连续第二年下滑。2019 年 1 月微信公众号图文打开与分享数据、粉丝增减与活跃数据显示，公众号图文平均打开率已经降为 1.31%，分享率为 3.74%，与 2018 年 12 月相比，又均略有下降。

虽然“微信之父”张小龙对于公众号有过几次改版，但是他在微信公开课上也承认，效果并不明显。改版只能改善用户的阅读效率，并不能左右内容的质量。在阅读量整体下降的趋势下，公众号这样的封闭式媒体未来的市场机会，有待考量。

2. 开放式平台

这类媒体相对开放，信息被搜索到的公开程度相对较高，可以通过百度等搜索引擎搜索到相关的信息内容。代表媒体有微博、微头条、Twitter、小红书、今日头条、趣头条、搜狐自媒体、网易自媒体、一点资讯、UC 自媒体、百家号、企鹅号、大鱼号等。

这类媒体，以图文内容为主。每个平台都有不同的粉丝群体，企业在运营媒体矩阵时，尽量全部布局。这类媒体相较于微信公众号，在粉丝的互动和转化上相对较难，更多价值在于品牌传播和软文公关。因为信息会被搜索引擎抓取，传播的范围会更广泛。目前，像今日头条、趣头条、企鹅号、大鱼号等媒体，对原创的奖励机制较大，内容的推荐机制成熟，利于好作品呈现，国内也出现了众多以原创内容为主的纯媒体运营团队。

在这些平台上，每一个用户都有自己的喜好领域。多半平台的推荐机制采取信息流模式，会把信息自动推荐给适合的用户群体。用户即使没有精准搜索或者关注，也有机会看见自己感兴趣的内容。这种机制让好的内容无需过多营销推广，也很容易获得精准用户的点击。所以，利用开放性媒体平台进行品牌传播及营销，价值相对较高。

在如今的信息化时代，移动互联网的高速发展，导致信息爆炸式增长。我们每天被海量信息裹挟，注意力被大大分散。企业广告想要影响精准的目标受众、达到理想的广告效果，需要在多个平台投放不同形式的广告。碎片化的信息传播趋势，不但加大了企业营销的难度，也增加了企业营销的成本。信息流产品的出现，刚好为企业提供了精准的工具，解决了单一平台的精准营销难题。

信息流产品本质上是一套内容推荐系统。移动互联网技术可以通过各种各样的方式记录用户的数据。信息流产品先是通过这些数据绘制用户画像，推测用户的兴趣爱好，然后推荐用户感兴趣的内容，进一步记录用户的行为数据，并不断修正用户画像。多次交互反馈之后，系统推荐的信息流，会越来越接近用户的兴趣点，让用户更加喜欢这些产品和内容，愿意花更多的时间来使用它们，阅读它们。

信息流媒体平台的发展趋势将会越来越明显，信息流技术也逐渐在电商等平台普及，信息流技术已经成为移动互联网时代的必备服务。这些开放型媒体平台都在此技术基础上不断更新发展。不过，当所有的媒体平台都采取信息流时，这种技术优势也将变得更为普通和廉价，而全新的富媒体平台自然会应运而生。

3. 视频媒体

随着5G技术的发展，视频类媒体必然迎来全新的增长点。目前国内的视频媒体主要分为长视频平台和短视频平台。长视频平台以优酷、土豆、爱奇艺、乐视、腾讯视频为主。短视频平台以抖音、微视、快手、美拍、火山小视频、西瓜、全民小视频等为主。

2019 年年初，笔者和一位投资电影的朋友聊天，他说现在电影行业发展趋势非常好，基本上只要剧本不错，都可以赚到钱，而且利润很惊人。除了在院线上映，后期还可以和优酷、爱奇艺等互联网平台合作，获得更大的长尾收益。今年，他又看好抖音，准备组建摄影剪辑团队，专门针对抖音用户创作内容，吸引粉丝。

相比较长视频，短视频的增长速度更为迅猛。碎片化使用移动互联网的现象越来越多，对内容的丰富性要求越来越高，促进了短视频总使用时长的暴涨，竖屏的短视频类型也成为全新的流行事物。

2017 年短视频使用时长占移动互联网总使用时长的 5.5%，而这一比例在 2016 年刚刚达到 1.3%（图 2）。

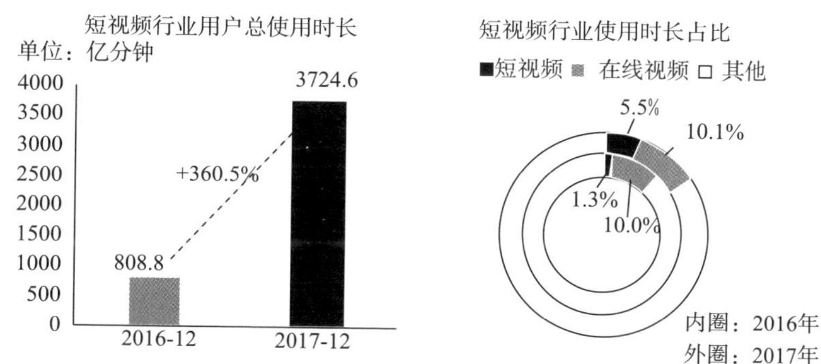

图 2　短视频增长数据

来源：QuestMobile TRUTH 中国移动互联网数据库

2017 年中国移动互联网（QM）年度报告数据显示，2017 年全年用户规模翻倍，达到 4.1 亿，平均增长 116%。而且用户总使用时长增长 360%，单日使用时长增长了 44%，短视频消费占比增长到 46%。2017 年是短视频当之无愧的爆发元年，从 2016 年被直播行业“截和”，到打出漂亮翻身仗，短视频的发展已成当下最大的红利蛋糕。

在短视频行业，用户的夺取之战也愈加激烈。如图 3 所示，超过 75.5% 的用户用且只使用一款短视频 APP。因此，如何在用户形成观看习惯之前，将用户吸引并留住，成为平台流量克敌制胜的重点。

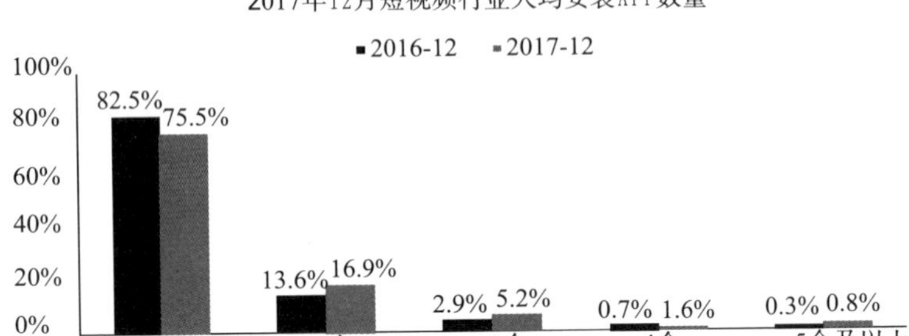

图 3　用户装载短视频 APP 数量统计

来源：QuestMobile TRUTH 中国移动互联网数据库

受益于直播答题热情的高涨，头条系反应迅速，在 APP 内推出相应的直播栏目，凭借现有的巨大流量体系，赢得了大量的直播答题用户的参与，APP 日活跃用户增长明显，2018 年已经超过快手，成为短视频行业领导平台。

本书重点分享的就是抖音平台的系统营销知识。

后记

据数据显示，在抖音3亿用户中，超过22%的用户每天使用抖音超过1小时。抖音现在比王者荣耀、吃鸡游戏都要火，用户会不由自主地刷抖音刷上瘾。

抖音到底有多火？抖音推出半年，用户量就突破1亿，日播放视频超10亿，超过老牌短视频玩家快手和美拍，长期占据摄影与录像榜首。至今，全球月活跃用户数超过5亿。毫不夸张地说已进入全民抖音时代。

这一年来，江湖到处流传着抖音的传说，“抖音5分钟，人间1小时”“一入抖音深似海，从此抖腿不能改”……这些已是当今大部分人娱乐生活的真实写照。

但是依然有很多人对抖音持怀疑态度，对抖音营销的价值不太信任，认为抖音、快手这类短视频平台都是年轻小孩玩的，纯粹是娱乐搞笑的“小玩意”，可见对抖音的认知多么狭隘。

事实上，目前为止，人民日报、中央电视台等权威媒体，检察院、公安局等政府部门，以及小米、王老吉等企事业单位，早已入局抖音。郭冬临、周星驰、黄渤、杨幂等明星，各大高校专家等纷纷注册抖音账号。抖音已经成为全民的抖音，成为全新的短视频媒体平台。抖音的营销价值日趋凸显，大有赶超传统电商趋势。

本书所阐述的抖音内容分析，仅是个人观点。另外，随着抖音的快速发展，规则和玩法每月都会更新，大家千万不要盲目照搬书籍内容，尽量以实际情况为准。也可以关注作者的公众号“蓝狙营销”，时刻关注最新抖音动态及营销更新内容。

衷心祝愿每一位读者朋友都能够掌握抖音的内容创作技巧，掌握抖音的营销系统思路，经过努力，都能够打造出粉丝众多的账号，实现自己的营销目标。

推荐作者得新书!

博瑞森征稿启事

亲爱的读者朋友:

感谢您选择了博瑞森图书!希望您手中的这本书能给您带来实实在在的帮助!

博瑞森一直致力于发掘好作者、好内容,希望能把您最需要的思想、方法,一字一句地交到您手中,成为管理知识与管理实践的桥梁。

但是我们也知道,有很多深入企业一线、经验丰富、乐于分享的优秀专家,或者忙于实战没时间,或者缺少专业的写作指导和便捷的出版途径,只能茫然以待……

还有很多在竞争大潮中坚守的企业,有着异常宝贵的实践经验和独特的洞察,但缺少专业的记录和整理者,无法让企业的经验和故事被更多的人了解、学习……

对读者而言,这些都太遗憾了!

博瑞森非常希望能将这些埋藏的"宝藏"发掘出来,贡献给广大读者,让更多的人从中受益。

所以,我们真心地邀请您,我们的老读者,帮我们搜寻:

推荐作者

可以是您自己或您的朋友,只要对本土管理有实践、有思考;可以是您通过网络、杂志、书籍或其他途径了解的某位专家,不管名气大小,只要他的思想和方法曾让您深受启发。

可以是管理类作品,也可以超出管理,各类优秀的社科作品或学术作品。

推荐企业

可以是您自己所在的企业,或者是您熟悉的某家企业,其创业过程、运营经历、产品研发、机制创新,等等。无论企业大小,只要乐于分享、有值得借鉴书写之处。

总之,好内容就是一切!

博瑞森绝非"自费出书",出版费用完全由我们承担。您推荐的作者或企业案例一经采用,我们会立刻向您赠送书币 1000 元,可直接换取任何博瑞森图书的纸书或电子书。

感谢您对本土管理原创、博瑞森图书的支持!

推荐投稿邮箱:bookgood@126.com　　推荐手机:13611149991

1120本土管理实践与创新论坛

这是由100多位本土管理专家联合创立的企业管理实践学术交流组织，旨在孵化本土管理思想、促进企业管理实践、加强专家间交流与协作。

论坛每年集中力量办好两件大事：第一，**“出一本书”**，汇聚一年的思考和实践，把最原创、最前沿、最实战的内容集结成册，贡献给读者；第二，**“办一次会”**，每年11月20日本土管理专家们汇聚一堂，碰撞思想、研讨案例、交流切磋、回馈社会。

论坛理事名单（以年龄为序，以示传承之意）

首届常务理事：

彭志雄　曾　伟　施　炜　杨　涛　张学军　郭　晓　程绍珊　胡八一
王祥伍　李志华　陈立云　杨永华

理　　事：

张再林　卢根鑫　刘文瑞　王铁仁　周荣辉　罗　珉　房西苑　曾令同
黄民兴　陆和平　孟广桥　宋杼宸　张国祥　刘承元　叶兴平　曹子祥
宋新宇　吴越舟　吴　坚　杜建君　戴欣明　仲昭川　刘春雄　刘祖轲
张茂泽　段继东　陈立胜　梁　涛　何　慕　秦国伟　贺兵一　罗海容
张小虎　陈忠建　郭　剑　余晓雷　黄中强　朱玉童　沈　坤　阎立忠
张　进　丁兴良　朱仁健　薛宝峰　史贤龙　卢　强　史幼波　黄剑黎
叶敦明　王　涛　李文才　王　强　张远凤　陈　明　廖信琳　岑立聪
方　刚　何足奇　周　俊　杨　奕　孙行健　孙嘉晖　张东利　郭富才
叶　宁　何　屹　沈　奎　王明胤　王　超　马宝琳　谭长春　杨竣雄
夏惊鸣　张　博　段传敏　李洪道　胡浪球　孙　波　唐江华　程　翔
翟玉忠　刘红明　杨鸿贵　伯建新　高可为　李　蓓　王春强　孔祥云
戴　勇　贾同领　罗宏文　张兵武　史立臣　李政权　余　盛　陈小龙
尚　锋　邢　雷　余伟辉　李小勇　苗庆显　孙　巍　陈继展　全怀周
林延君　王清华　初勇钢　陈　锐　高继中　聂志新　黄　屹　沈　拓
徐伟泽　潦　寒　谭洪华　崔自三　王玉荣　蒋　军　侯军伟　黄润霖
朱伟杰　金国华　吴　之　葛新红　周　剑　崔海鹏　李治江　陈海超
柏　龑　唐道明　刘书生　朱志明　曲宗恺　杜　忠　黄渊明　王献永
范月明　吕　林　刘文新　赵晓萌　张　伟　韩　旭　韩友诚　熊亚柱
秦海林　孙彩军　刘　雷　贺小林　王庆云　黄　娜　俞士耀　田　军
丁　昀　张小峰　黄　磊　罗晓慧　赵海永　伏泓霖　任彭枞　梁小平
鄢圣安　马方旭　乐　涛　杨晓燕　欧阳莉华　陈　慧　张　璐

企业案例·老板传记

	书名．作者	内容/特色	读者价值
企业案例·老板传记	**你不知道的加多宝:原市场部高管讲述** 曲宗恺　牛玮娜　著	前加多宝高管解读加多宝	全景式解读,原汁原味
	借力咨询:德邦成长背后的秘密 官同良　王祥伍　著	讲述德邦是如何借助咨询公司的力量进行自身与发展的	来自德邦内部的第一线资料,真实、珍贵,令人受益匪浅
	娃哈哈区域标杆:豫北市场营销实录 罗宏文　赵晓萌　等著	本书从区域的角度来写娃哈哈河南分公司豫北市场是怎么进行区域市场营销,成为娃哈哈全国第一大市场、全国增量第一高市场的一些操作方法	参考性、指导性,一线真实资料
	六个核桃凭什么:从0过100亿 张学军　著	首部全面揭秘养元六个核桃裂变式成长的巨著	学习优秀企业的成长路径,了解其背后的理论体系
	像六个核桃一样:打造畅销品的36个简明法则 王　超　范　萍　著	本书分上下两篇:包括“六个核桃”的营销战略历程和36条畅销法则	知名企业的战略历程极具参考价值,36条法则提供操作方法
	解决方案营销实战案例 刘祖轲　著	用10个真案例讲明白什么是工业品的解决方案式营销,实战、实用	有干货、真正操作过的才能写得出来
	招招见销量的营销常识 刘文新　著	如何让每一个营销动作都直指销量	适合中小企业,看了就能用
	我们的营销真案例 联纵智达研究院　著	五芳斋粽子从区域到全国/诺贝尔瓷砖门店销量提升/利豪家具出口转内销/汤臣倍健的营销模式	选择的案例都很有代表性,实在、实操!
	中国营销战实录:令人拍案叫绝的营销真案例 联纵智达　著	51个案例,42家企业,38万字,18年,累计2000余人次参与……	最真实的营销案例,全是一线记录,开阔眼界
	双剑破局:沈坤营销策划案例集 沈　坤　著	双剑公司多年来的精选案例解析集,阐述了项目策划中每一个营销策略的诞生过程,策划角度和方法	一线真实案例,与众不同的策划角度令人拍案叫绝、受益匪浅
	宗:一位制造业企业家的思考 杨　涛　著	1993年创业,引领企业平稳发展20多年,分享独到的心得体会	难得的一本老板分享经验的书
	简单思考:AMT咨询创始人自述 孔祥云　著	著名咨询公司(AMT)的CEO创业历程中点点滴滴的经验与思考	每一位咨询人,每一位创业者和管理经营者,都值得一读
	边干边学做老板 黄中强　著	创业20多年的老板,有经验、能写、又愿意分享,这样的书很少	处处共鸣,帮助中小企业老板少走弯路
	三四线城市超市如何快速成长:解密甘雨亭 IBMG国际商业管理集团　著	国内外标杆企业的经验+本土实践量化数据+操作步骤、方法	通俗易懂,行业经验丰富,宝贵的行业量化数据,关键思路和步骤
	中国首家未来超市:解密安徽乐城 IBMG国际商业管理集团　著	本书深入挖掘了安徽乐城超市的试验案例,为零售企业未来的发展提供了一条可借鉴之路	通俗易懂,行业经验丰富,宝贵的行业量化数据,关键思路和步骤

互联网+

	书名．作者	内容/特色	读者价值
互联网+	**新营销** 刘春雄　著	新营销的新框架体系是场景是产品逻辑,IP是品牌逻辑,社群是连接逻辑,传播是营销逻辑	助力品牌商实现由传统营销到新营销的理念和行动的跨越,助力企业打赢升级转型之仗
	企业微信营销全指导 孙　巍　著	专门给企业看到的微信营销书,手把手教企业从小白到微信营销专家	企业想学微信营销现在还不晚,两眼一抹黑也不怕,有这本书就够

续表

互联网+	**企业网络营销这样做才对：B2B大宗B2C** 张　进　著	简单直白拿来就用，各种窍门信手拈来，企业网络营销不麻烦也不用再头疼，一般人不告诉他	B2B、大宗B2C企业有福了，看了就能学会网络营销
	互联网时代的银行转型 韩友诚　著	以大量案例形式为读者全面展示和分析了银行的互联网金融转型应对之道	结合本土银行转型发展案例的书籍
	正在发生的转型升级·实践 本土管理实践与创新论坛　著	企业在快速变革期所展现出的管理变革新成果、新方法、新案例	重点突出对于未来企业管理相关领域的趋势研判
	触发需求：互联网新营销样本·水产 何足奇　著	传统产业都在苦闷中挣扎前行，本书通过鲜活的案例告诉你如何以需求链整合供应链，从而把大家熟知的传统行业打碎了重构、重做一遍	全是干货，值得细读学习，并且作者的理论已经经过了他亲自操刀的实践检验，效果惊人，就在书中全景展示
	移动互联新玩法：未来商业的格局和趋势 史贤龙　著	传统商业、电商、移动互联，三个世界并存，这种新格局的玩法一定要懂	看清热点的本质，把握行业先机，一本书搞定移动互联网
	微商生意经：真实再现33个成功案例操作全程 伏泓霖　罗晓慧　著	本书为33个真实案例，分享案例主人公在做微商过程中的经验教训	案例真实，有借鉴意义
	阿里巴巴实战运营——14招玩转诚信通 聂志新　著	本书主要介绍阿里巴巴诚信通的十四个基本推广操作，从而帮助使用诚信通的用户及企业更好地提升业绩	基本操作，很多可以边学边用，简单易学
	阿里巴巴实战运营2：诚信通热卖技巧 聂嵘海　著	诚信通TOP商家赚钱的密码箱，手把手教你操作，拿来就用	图文并茂，内容齐全，直接可以对照使用
	抖音营销如何做：未来抖商 刘大贺　著	解密从0到1亿粉丝的实操路径，深度剖析抖音营销全系统策略	企业做抖音营销的第一书
	微商团队长：从入门到精通 罗品牌　著	由浅入深，涵盖微商团队长必学技能的方方面面	只要照着做，就能当好微商团队长
	互联网精准营销 蒋　军　著	怎么在互联网时代整体策划、包装品牌和产品，并在此基础上为企业设计商业模式，技术实现并运营落地	为有基础的小微企业（大企业的新项目）1年实现销售额过亿，2年对接资本，3年左右准IPO
	今后这样做品牌：移动互联时代的品牌营销策略 蒋　军　著	与移动互联紧密结合，告诉你老方法还能不能用，新方法怎么用	今后这样做品牌就对了
	互联网+"变"与"不变"：本土管理实践与创新论坛集萃·2016 本土管理实践与创新论坛　著	本土管理领域正在产生自己独特的理论和模式，尤其在移动互联时代，有很多新课题需要本土专家们一起研究	帮助读者拓宽眼界、突破思维
	创造增量市场：传统企业互联网转型之道 刘红明　著	传统企业需要用互联网思维去创造增量，而不是用电子商务去转移传统业务的存量	教你怎么在"互联网+"的海洋中创造实实在在的增量
	重生战略：移动互联网和大数据时代的转型法则 沈　拓　著	在移动互联网和大数据时代，传统企业转型如同生命体打算与再造，称之为"重生战略"	帮助企业认清移动互联网环境下的变化和应对之道
	画出公司的互联网进化路线图：用互联网思维重塑产品、客户和价值 李　蓓　著	18个问题帮助企业一步步梳理出互联网转型思路	思路清晰、案例丰富，非常有启发性
	7个转变，让公司3年胜出 李　蓓　著	消费者主权时代，企业该怎么办	这就是互联网思维，老板有能这样想，肯定倒不了
	跳出同质思维，从跟随到领先 郭　剑　著	66个精彩案例剖析，帮助老板突破行业长期思维惯性	做企业竟然有这么多玩法，开眼界

续表

行业类:零售、白酒、食品/快消品、农业、医药、建材家居等			
	书名.作者	内容/特色	读者价值
零售·超市·餐饮·服装	**总部有多强大,门店就能走多远** IBMG 国际商业管理集团　著	如何把总部做强,成为门店的坚实后盾	了解总部建设的方法与经验
	超市卖场定价策略与品类管理 IBMG 国际商业管理集团　著	超市定价策略与品类管理实操案例和方法	拿来就能用的理论和工具
	连锁零售企业招聘与培训破解之道 IBMG 国际商业管理集团　著	围绕零售企业组织架构、培训体系建设等内容进行深刻探讨	破解人才发现和培养瓶颈的关键点
	中国首家未来超市:解密安徽乐城 IBMG 国际商业管理集团　著	介绍了乐城作为中国首家未来超市从无到有的传奇经历	了解新型零售超市的运作方式及管理特色
	三四线城市超市如何快速成长:解密甘雨亭 IBMG 国际商业管理集团　著	揭秘一家三四线连锁超市的经验策略	不但可以欣赏它的优点,而且可以学会它成功的方法
	新零售　新终端 迪智成咨询团队　著	梳理和提炼新零售的系统打法,将之落地在新终端建设上	让新零售这一看似形而上的商业概念有了可以落地的立足点
	新零售动作分解:建材　家居　家具 盛斌子　著	第一本锁定在家居建材、家电、家装等耐用消费品领域谈新零售的书	第一本谈新零售的具体动作、策略、方法、招术的书,拿来就用
	新零售进化趋势与未来格局 李政权　著	通过业态、品类、体验、场景等,逐一呈现新零售的未来进化	就新零售未来的发展方向与进化趋势给出一个确定性的未来
	涨价也能卖到翻 村松达夫　【日】	提升客单价的 15 种实用、有效的方法	日本企业在这方面非常值得学习和借鉴
	移动互联下的超市升级 联商网专栏频道　著	深度解析超市转型升级重点	帮助零售企业把握全局、看清方向
	手把手教你做专业督导:专卖店、连锁店 熊亚柱　著	从督导的职能、作用,在工作中需要的专业技能、方法,都提供了详细的解读和训练办法,同时附有大量的表单工具	无论是店铺需要统一培训,还是个人想成为优秀的督导,有这一本就够了
	百货零售全渠道营销策略 陈继展　著	没有照本宣科、说教式的絮叨,只有笔者对行业的认知与理解,庖丁解牛式的逐项解析、展开	通俗易懂,花极少的时间快速掌握该领域的知识及趋势
	零售:把客流变成购买力 丁　昀　著	如何通过不断升级产品和体验式服务来经营客流	如何进行体验营销,国外的好经营,这方面有启发
	餐饮企业经营策略第一书 吴　坚　著	分别从产品、顾客、市场、盈利模式等几个方面,对现阶段餐饮企业的发展提出策略和思路	第一本专业的、高端的餐饮企业经营指导书
	餐饮新营销 杨　勇　程绍珊　著	在新环境下,对餐饮营销管理进行了全面深入的解读,提供了方式方法	全面性、系统性,区别于市面上的纯操作类作品
	电影院的下一个黄金十年:开发·差异化·案例 李保煜　著	对目前电影院市场存大的问题及如何解决进行了探讨与解读	多角度了解电影院运营方式及代表性案例
	赚不赚钱靠店长:从懂管理到会经营 孙彩军　著	通过生动的案例来进行剖析,注重门店管理细节方面的能力提升	帮助终端门店店长在管理门店的过程中实现经营思路的拓展与突破
耐消品	**商用车经销商运营实战** 杜建君　王朝阳　章晓青　等著	从管理到经营,从销售到服务,系统化运作全指导	为经销商经营开阔思路,掌握方法
	汽车配件这样卖:汽车后市场销售秘诀 100 条 俞上耀　著	汽配销售业务员必读,手把手教授最实用的方法,轻松得来好业绩	快速上岗,专业实效,业绩无忧

续表

耐消品	**润滑油销售:这样说这样做更有效** 张金荣　著	针对渠道、经销商、终端的超实用话术	上车看,下车用,3 分钟就能学会。
	新经销:新零售时代,教你做大商 黄润霖　著	从选址、产品、促销、团队、规模阐述新经销变与不变的市场手法和操作思路	实地拜访近 100 位经销商在传统营销手法上的创新、新营销工具的发现
	珠宝黄金新营销 崔德乾　著	营销、品牌、产品、连接、场景、社群、服务、传播、管理及产业价值链	新营销在珠宝行业的实战应用,业内必备第一书
	跟行业老手学经销商开发与管理:家电、耐消品、建材家居 黄润霖　著	全部来源于经销商管理的一线问题,作者用丰富的经验将每一个问题落实到最便捷快速的操作方法上去	书中每一个问题都是普通营销人亲口提出的,这些问题你也会遇到,作者进行的解答则精彩实用
白酒	**酒水饮料快消品餐饮渠道营销手册** 朱伟杰　著	主要针对快消品(酒水、饮料)的餐饮渠道,提供了区域、商圈、不同业态的规划和促销安排等多种工具,并提出了经销商、批发商等相关人员的管理方法	一本酒水饮料如何在餐饮渠道销售的全能手册,内容深入翔实,可以直接照搬套用,这样的便利简直千金不换
	白酒到底如何卖 赵海永　著	以市场实战为主,多层次、全方位、多角度地阐释了白酒一线市场操作的最新模式和方法,接地气	实操性强,37 个方法、6 大案例帮你成功卖酒
	变局下的白酒企业重构 杨永华　著	帮助白酒企业从产业视角看清趋势,找准位置,实现弯道超车的书	行业内企业要减少 90%,自己在什么位置,怎么做,都清楚了
	1. 白酒营销的第一本书(升级版) **2. 白酒经销商的第一本书** 唐江华　著	华泽集团湖南开口笑公司品牌部长,擅长酒类新品推广、新市场拓展	扎根一线,实战
	区域型白酒企业营销必胜法则 朱志明　著	为区域型白酒企业提供 35 条必胜法则,在竞争中赢销的葵花宝典	丰富的一线经验和深厚积累,实操实用
	10 步成功运作白酒区域市场 朱志明　著	白酒区域操盘者必备,掌握区域市场运作的战略、战术、兵法	在区域市场的攻伐防守中运筹帷幄,立于不败之地
	酒业转型大时代:微酒精选 2014-2015 微酒　主编	本书分为五个部分:当年大事件、那些酒业营销工具、微酒独立策划、业内大调查和十大经典案例	了解行业新动态、新观点,学习营销方法
快消品·食品	**中国快消品营销的这些年** 史贤龙　著	作者精华文章的合集,一本书浓缩了过去十五年,中国营销的实战历程与前沿思考	快消品营销行业的案例和方法都原汁原味呈现,在反映当时风貌的同时,展望与反思
	营销中国茶:2 小时读懂茶叶营销 史贤龙　著	从不同视角对中国的茶营销进行了思考,内容涉及中国茶产业战略困境、茶企规模化、茶品牌崛起、茶文化、茶营销、茶消费、茶零售、茶道等	内容丰富扎实,文字流畅,浓缩的都是精华,让你 2 小时读懂茶叶营销
	这样打造快消品标杆市场 罗宏文　著	帮助你解决如何成功打造标杆市场和进行持续增量管理两大问题	一套系统的方法论,通俗易懂,可以直接套用
	5 小时读懂快消品营销:中国快消品案例观察 陈海超　著	多年营销经验的一线老手把案例掰开了、揉碎了,从中得出的各种手段和方法给读者以帮助和启发	营销那些事儿的个中秘辛,求人还不一定告诉你,这本书里就有
	快消品招商的第一本书:从入门到精通 刘　雷　著	深入浅出,不说废话,有工具方法,通俗易懂	让零基础的招商新人快速学习书中最实用的招商技能,成长为骨干人才
	乳业营销第一书 侯军伟　著	对区域乳品企业生存发展关键性问题的梳理	唯一的区域乳业营销书,区域乳品企业一定要看

续表

快消品·食品	**金龙鱼背后的粮油帝国** 余　盛　著	讲述金龙鱼品牌及母公司丰益国际的商业冒险故事	在精彩的阅读体验中学到营销管理的方法
	食用油营销第一书 余　盛　著	10多年油脂企业工作经验，从行业到具体实操	食用油行业第一书，当之无愧
	中国茶叶营销第一书 柏　龑　著	如何跳出茶行业“大文化小产业”的困境，作者给出了自己的观察和思考	不是传统做茶的思路，而是现在商业做茶的思路
	调味品企业八大必胜法则 张　戟　著	八大规律性的关键成功要素，背后都有本土调味品企业的成功实践	“观点阐述＋案例描述”，行业必读
	调味品营销第一书 陈小龙　著	国内唯一一本调味品营销的书	唯一的调味品营销的书，调味品的从业者一定要看
	快消品营销人的第一本书：从入门到精通 刘　雷　伯建新　著	快消行业必读书，从入门到专业	深入细致，易学易懂
	变局下的快消品营销实战策略 杨永华　著	通胀了，成本增加，如何从被动应战变成主动的“系统战”	作者对快消品行业非常熟悉、非常实战
	快消品经销商如何快速做大 杨永华　著	本书完全从实战的角度，评述现象，解析误区，揭示原理，传授方法	为转型期的经销商提供了解决思路，指出了发展方向
	快消品营销：一位销售经理的工作心得2 蒋　军　著	快消品、食品饮料营销的经验之谈，重点图书	来源与实战的精华总结
	快消品营销与渠道管理 谭长春　著	将快消品标杆企业渠道管理的经验和方法分享出来	可口可乐、华润的一些具体的渠道管理经验，实战
	成为优秀的快消品区域经理（升级版） 伯建新　著	用“怎么办”分析区域经理的工作关键点，增加30%全新内容，更贴近环境变化	可以作为区域经理的“速成催化器”
	销售轨迹：一位快消品营销总监的拼搏之路 秦国伟　著	本书讲述了一个普通销售员打拼成为跨国企业营销总监的真实奋斗历程	激励人心，给广大销售员以力量和鼓舞
	快消老手都在这样做：区域经理操盘锦囊 方　刚　著	非常接地气，全是多年沉淀下来的干货，丰富的一线经验和实操方法不可多得	在市场摸爬滚打的“老油条”，那些独家绝招妙招一般你问都是问不来的
	动销四维：全程辅导与新品上市 高继中　著	从产品、渠道、促销和新品上市详细讲解提高动销的具体方法，总结作者18年的快消品行业经验，方法实操	内容全面系统，方法实操
农业	**饲料营销有方法：策略　案例　工具** 陈石平　著	跳出饲料看饲料，根据饲料营销的关键成功要素（KSF）提出7大核心命题	紧跟农牧产业发展大势，提高饲料企业营销竞争力
	新农资如何换道超车 刘祖轲　等著	从农业产业化、互联网转型、行业营销与经营突破四个方面阐述如何让农资企业占领先机、提前布局	南方略专家告诉你如何应对资源浪费、生产效率低下、产能严重过剩、价格与价值严重扭曲等
	中国牧场管理实战：畜牧业、乳业必读 黄剑黎　著	本书不仅提供了来自一线的实际经验，还收入了丰富的工具文档与表单	填补空白的行业必读作品
	中小农业企业品牌战法 韩　旭　著	将中小农业企业品牌建设的方法，从理论讲到实践，具有指导性	全面把握品牌规划，传播推广，落地执行的具体措施
	农资营销实战全指导 张　博　著	农资如何向“深度营销”转型，从理论到实践进行系统剖析，经验资深	朴实、使用！不可多得的农资营销实战指导
	农产品营销第一书 胡浪球　著	从农业企业战略到市场开拓、营销、品牌、模式等	来源于实践中的思考，有启发
	变局下的农牧企业9大成长策略 彭志雄　著	食品安全、纵向延伸、横向联合、品牌建设……	唯一的农牧企业经营实操的书，农牧企业一定要看

续表

医药	**在中国,医药营销这样做:时代方略精选文集** 段继东 主编	专注于医药营销咨询 15 年,将医药营销方法的精华文章合编,深入全面	可谓医药营销领域的顶尖著作,医药界读者的必读书
	医药新营销:制药企业、医药商业企业营销模式转型 史立臣 著	医药生产企业和商业企业在新环境下如何做营销?老方法还有没有用?如何寻找新方法?新方法怎么用?本书给你答案	内容非常现实接地气,踏实谈问题说方法
	医药企业转型升级战略 史立臣 著	药企转型升级有 5 大途径,并给出落地步骤及风险控制方法	实操性强,有作者个人经验总结及分析
	新医改下的医药营销与团队管理 史立臣 著	探讨新医改对医药行业的系列影响和医药团队管理	帮助理清思路,有一个框架
	医药营销与处方药学术推广 马宝琳 著	如何用医学策划把“平民产品”变成“明星产品”	有真货、讲真话的作者,堪称处方药营销的经典!
	医药行业大洗牌与药企创新 林延君 沈 斌 著	一方面,围绕着变革,多角度阐述药企的应对之道;另一方面,紧扣实践,介绍近百家医药企业创新实践案例	医改变革 10 年,医药企业如何应对大洗牌?重磅出击的药企人必读书
	新医改了,药店就要这样开 尚 锋 著	药店经营、管理、营销全攻略	有很强的实战性和可操作性
	电商来了,实体药店如何突围 尚 锋 著	电商崛起,药店该如何突围?本书从促销、会员服务、专业性、客单价等多重角度给出了指导方向	实战攻略,拿来就能用
	OTC 医药代表药店销售 36 计 鄢圣安 著	以《三十六计》为线,写 OTC 医药代表向药店销售的一些技巧与策略	案例丰富,生动真实,实操性强
	OTC 医药代表药店开发与维护 鄢圣安 著	要做到一名专业的医药代表,需要做什么、准备什么、知识储备、操作技巧等	医药代表药店拜访的指导手册,手把手教你快速上手
	引爆药店成交率 1:店员导购实战 范月明 著	一本书解决药店导购所有难题	情景化、真实化、实战化
	引爆药店成交率 2:经营落地实战 范月明 著	最接地气的经营方法全指导	揭示了药店经营的几类关键问题
	引爆药店成交率:专业化销售解决方案 范月明 著	药品搭配分析与关联销售	为药店人专业化助力
	处方药合规推广实战宝典 赵佳震 著	推广体系搭建、推广人员岗位工作内容、推广服务外包商管理等六个方面	解决“医药代表转型”和“推广服务外包商管理”的困惑
	医药代理商实操全指导:新环境 新战法 戴文杰 著	结合医药市场政策环境解读新环境下医药招商的战法,着重分析药品产业链的盈利机会	医药销售业务人员的必备读物
	攻略基层诊所:医药营销这样做 张江民 著	对基层诊所的开发、维护和动销,拿来就用的方式方法	实战是本书的主旨,只要用心去看,就能在基层诊所市场中运用
	互联网医药的未来 动脉网 编著	介绍了互联网医药发展的现状与趋势	帮助创业者和投资人看清未来,把握当下
	处方药零售这样做 田 军 著	阐述了处方药零售的重要性,以及做处方药零售市场的具体措施和方法	系统性了解和掌握处方药零售方法
建材家居	**成为最赚钱的家具建材经销商** 李治江 著	从销售模式、产品、门店等老板们最关注和最需要的方面解决问题、提供方法	只要你是建材、家具、家居用品的经销商老板,这就是一本必读的书
	定制家居黄金十年 韩 锋 翁长华 著	梳理了定制家居的商业模式和发展情况	帮助定制家居看清方向,把握当下
	家具建材促销与引流 薛 亮 李永峰 著	十大促销模式的详细方法和工具	让你天天签大单

续表

建材家居	**家具行业操盘手** 王献永　著	家具行业问题的终结者	解决了干家具还有没有前途？为什么同城多店的家具经销商很难做大做强等问题
	建材家居营销：除了促销还能做什么 孙嘉晖　著	一线老手的深度思考，告诉你在建材家居营销模式基本停滞的今天，除了促销，营销还能怎么做	给你的想法一场革命
	建材家居营销实务 程绍珊　杨鸿贵　主编	价值营销运用到建材家居，每一步都让客户增值	有自己的系统、实战
	家居建材门店 6 力爆破 贾同领　著	合盘道出一线品牌销量秘籍	6 力招招见血，既有招数，又有策略
	建材家居门店销量提升 贾同领　著	店面选址、广告投放、推广助销、空间布局、生动展示、店面运营等	门店销量提升是一个系统工程，非常系统、实战
	10 步成为最棒的建材家居门店店长 徐伟泽　著	实际方法易学易用，让员工能够迅速成长，成为独当一面的好店长	只要坚持这样干，一定能成为好店长
	手把手帮建材家居导购业绩倍增：成为顶尖的门店店员 熊亚柱　著	生动的表现形式，让普通人也能成为优秀的导购员，让门店业绩长红	读着有趣，用着简单，一本在手、业绩无忧
	建材家居经销商实战 42 章经 王庆云　著	告诉经销商：老板怎么当、团队怎么带、生意怎么做	忠言逆耳，看着不舒服就对了，实战总结，用一招半式就值了
工业品	**销售是门专业活：B2B、工业品** 陆和平　著	销售流程就应该跟着客户的采购流程和关注点的变化向前推进，将一个完整的销售过程分成十个阶段，提供具体方法	销售不是请客吃饭拉关系，是个专业的活计！方法在手，走遍天下不愁
	解决方案营销实战案例 刘祖轲　著	用 10 个真案例讲明白什么是工业品的解决方案式营销，实战、实用	有干货、真正操作过的才能写得出来
	变局下的工业品企业 7 大机遇 叶敦明　著	产业链条的整合机会、盈利模式的复制机会、营销红利的机会、工业服务商转型机会……	工业品企业还可以这样做，思维大突破
	工业品市场部实战全指导 杜　忠　著	工业品市场部经理工作内容全指导	系统、全面、有理论、有方法，帮助工业品市场部经理更快提升专业能力
	工业品营销管理实务 李洪道　著	中国特色工业品营销体系的全面深化、工业品营销管理体系优化升级	工具更实战，案例更鲜活，内容更深化
	工业品企业如何做品牌 张东利　著	为工业品企业提供最全面的品牌建设思路	有策略、有方法、有思路、有工具
	丁兴良讲工业 4.0 丁兴良　著	没有枯燥的理论和说教，用朴实直白的语言告诉你工业 4.0 的全貌	工业 4.0 是什么？本书告诉你答案
	资深大客户经理：策略准，执行狠 叶敦明　著	从业务开发、发起攻势、关系培育、职业成长四个方面，详述了大客户营销的精髓	满满的全是干货
	两化融合管理系统贯标流程与方法 戴　勇　张华杰　张百荣　编著	全面梳理贯标流程和方法	帮助企业成功贯标
	一切为了订单：订单驱动下的工业品营销实战 唐道明　著	其实，所有的企业都在围绕着两个字在开展全部的经营和管理工作，那就是“订单”	开发订单、满足订单、扩大订单。本书全是实操方法，字字珠玑、句句干货，教你获得营销的胜利
金融	**交易心理分析** (美)马克·道格拉斯　著 刘真如　译	作者一语道破赢家的思考方式，并提供了具体的训练方法	不愧是投资心理的第一书，绝对经典
	精品银行管理之道 崔海鹏　何　屹　主编	中小银行转型的实战经验总结	中小银行的教材很多，实战类的书很少，可以看看

续表

金融	**支付战争** Eric M. Jackson　著 徐　彬　王　晓　译	PayPal创业期营销官，亲身讲述PayPal从诞生到壮大到成功出售的整个历史	激烈、有趣的内幕商战故事！了解美国支付市场的风云巨变
	中外并购名著专业阅读指南 叶兴平　等著	在5000多本并购类图书中精选的200著作，在阅读的基础上写的读书评价	精挑细选200本并一一评介，省去读者挑选的烦恼，快捷、高效
	新三板信息披露全流程：操作与工具 和珩科技　著	详细拆解董秘日常工作过程中所需的信息披露流程	董秘案头必备用书
	成功并购300本：一本书搞定并购难题 浩德军师并购联盟　著	从财务，税务，法律等角度详细解答疑问	能解决80%的并购问题
	互联网时代的银行转型 韩友诚　著	以大量案例形式为读者全面展示和分析了银行的互联网金融转型应对之道	结合本土银行转型发展案例的书籍
房地产	**产业园区/产业地产规划、招商、运营实战** 阎立忠　著	目前中国第一本系统解读产业园区和产业地产建设运营的实战宝典	从认知、策划、招商到运营全面了解地产策划
	人文商业地产策划 戴欣明　著	城市与商业地产战略定位的关键是不可复制性，要发现独一无二的"味道"	突破千城一面的策划困局
	中国城市群房地产投资策略 吕俊博　著	全方位、多角度分析城市群房地产现状是趋势	让亿元资产投资更理性、更安全
	电影院的下一个黄金十年：开发·差异化·案例 李保煜　著	对目前电影院市场存大的问题及如何解决进行了探讨与解读	多角度了解电影院运营方式及代表性案例
能源	**全能型班组：城市能源互联网与电力班组升级** 国网天津市电力公司　编著	借鉴国内外优秀企业的转型升级思路，通过对于新型班组组织模式和运行机制的大胆设想，力图构建充分适应内外环境变化的全能型班组	看看庞大的国企在新环境下是如何顺应时代的
	国网天津电力全能型班组建设实务 国网天津市电力公司　编著	本书聚焦于天津电力公司在探索全能型班组转型升级时的优秀实践	电力行业的班组实践，具体、可操作性强

经营类：企业如何赚钱，如何抓机会，如何突破，如何"开源"

	书名.作者	内容/特色	读者价值
抓方向	**让经营回归简单.升级版** 宋新宇　著	化繁为简抓住经营本质：战略、客户、产品、员工、成长	经典，做企业就这几个关键点！
	混沌与秩序Ⅰ：变革时代企业领先之道 **混沌与秩序Ⅱ：变革时代管理新思维** 彭剑锋　尚艳玲　主编	汇集华夏基石专家团队10年来研究成果，集中选择了其中的精华文章编纂成册	作者都是既有深厚理论积淀又有实践经验的重磅专家，为中国企业和企业家的未来提出了高屋建瓴的观点
	活系统：跟任正非学当老板 孙行健　尹　贤　著	以任正非的独到视角，教企业老板如何经营公司	看透公司经营本质，激活企业活力
	重构：快消品企业重生之道 杨永华　著	从7个角度，帮助企业实现系统性的改造	提供转型思想与方法，值得参考
	公司由小到大要过哪些坎 卢　强　著	老板手里的一张"企业成长路线图"	现在我在哪儿，未来还要走哪些路，都清楚了
	企业二次创业成功路线图 夏惊鸣　著	企业曾经抓住机会成功了，但下一步该怎么办？	企业怎样获得第二次成功，心里有个大框架了
	老板经理人双赢之道 陈　明　著	经理人怎养选平台、怎么开局，老板怎样选/育/用/留	老板生闷气，经理人牢骚大，这次知道该怎么办了

续表

抓方向	**简单思考:AMT 咨询创始人自述** 孔祥云　著	著名咨询公司(AMT)的 CEO 创业历程中点点滴滴的经验与思考	每一位咨询人,每一位创业者和管理经营者,都值得一读
	企业文化的逻辑 王祥伍　黄健江　著	为什么企业绩效如此不同,解开绩效背后的文化密码	少有的深刻,有品质,读起来很流畅
	使命驱动企业成长 高可为　著	钱能让一个人今天努力,使命能让一群人长期努力	对于想做事业的人,'使命'是绕不过去的
思维突破	**盈利原本就这么简单** 高可为　著	从财务的角度揭示企业盈利的秘密	多方面解读商业模式与盈利的关系,通俗易懂,受益匪浅
	经营:打造你的盈利系统 高可为　著	从盈利角度梳理了系统化的经营方式	让企业掌舵者把控经营全局
	创模式:23 个行业创新案例 段传敏　著	23 位行业精英的创新对话	创业者、转型者的实战参考
	企业良性成长:用顶层设计突破瓶颈 刘建兆　著	全方位介绍企业顶层设计的方法和思路	帮助企业用顶层设计突破成长瓶颈
	移动互联新玩法:未来商业的格局和趋势 史贤龙　著	传统商业、电商、移动互联,三个世界并存,这种新格局的玩法一定要懂	看清热点的本质,把握行业先机,一本书搞定移动互联网
	画出公司的互联网进化路线图:用互联网思维重塑产品、客户和价值 李　蓓　著	18 个问题帮助企业一步步梳理出互联网转型思路	思路清晰、案例丰富,非常有启发性
	重生战略:移动互联网和大数据时代的转型法则 沈　拓　著	在移动互联网和大数据时代,传统企业转型如同生命体打算与再造,称之为"重生战略"	帮助企业认清移动互联网环境下的变化和应对之道
	创造增量市场:传统企业互联网转型之道 刘红明　著	传统企业需要用互联网思维去创造增量,而不是用电子商务去转移传统业务的存量	教你怎么在"互联网+"的海洋中创造实实在在的增量
	7 个转变,让公司 3 年胜出 李　蓓　著	消费者主权时代,企业该怎么办	这就是互联网思维,老板有能这样想,肯定倒不了
	跳出同质思维,从跟随到领先 郭　剑　著	66 个精彩案例剖析,帮助老板突破行业长期思维惯性	做企业竟然有这么多玩法,开眼界
	互联网+"变"与"不变":本土管理实践与创新论坛集萃·2016 本土管理实践与创新论坛　著	加速本土管理思想的孕育诞生,促进本土管理创新成果更好地服务企业、贡献社会	各个作者本年度最新思想,帮助读者拓宽眼界、突破思维
	消费升级:实践　研究(文集) 本土管理实践与创新论坛　著	38 位管理专家及 7 位学者的精华思想,从经营、管理、行业及思想研究四个方面阐述中国企业在消费升级下的实践与研究	思想启发,行业借鉴
财务	**写给企业家的公司与家庭财务规划——从创业成功到富足退休** 周荣辉　著	本书以企业的发展周期为主线,写各阶段企业与企业主家庭的财务规划	为读者处理人生各阶段企业与家庭的财务问题提供建议及方法,让家庭成员真正享受财富带来的益处
	互联网时代的成本观 程　翔　著	本书结合互联网时代提出了成本的多维观,揭示了多维组合成本的互联网精神和大数据特征,论述了其产生背景、实现思路和应用价值	在传统成本观下为盈利的业务,在新环境下也许就成为亏损业务。帮助管理者从新的角度来看待成本,进一步做好精益管理

续表

财务	财报背后的投资机会 蒋　豹　著	以具体的公司案例分析，教你迅速看出财务报表与企业经营的关系、所反映的企业经营现状，从而找到投资机会	前四大会计所员工为读者解密财报，发现投资机会
管理类:效率如何提升,如何实现经营目标,如何“节流”			
书名．作者		内容/特色	读者价值
通用管理	让管理回归简单·升级版 宋新宇　著	从目标、组织、决策、授权、人才和老板自己层面教你怎样做管理	帮助管理抓住管理的要害，让管理变得简单
	让经营回归简单·升级版 宋新宇　著	从战略、客户、产品、员工、成长、经营者自身等七个方面，归纳总结出简单有效的经营法则	总结出的真正优秀企业的成功之道：简单
	让用人回归简单 宋新宇　著	从用人的原则、用人的难题与误区、用人的方法和用人者的修炼四大方面，总结出适合中小企业做好人才管理工作的法则	帮助管理者抓住用人的要害，让用人变得简单
	历史深处的管理智慧1:组织建设与用人之道 刘文瑞　著	对历史之典故、政事、人事、政制进行管理解析，鉴照企业人才的选用育留	推动理论与实践的对接，实现理性与情感的渗透，用中国话语说明管理智慧
	历史深处的管理智慧2:战略决策与经营运作 刘文瑞　著	对历史之典故、政事、人事、政制进行管理解析，鉴照企业战略设计与经营实践	推动理论与实践的对接，实现理性与情感的渗透，用中国话语说明管理智慧
	历史深处的管理智慧3:领导修炼与文化素养 刘文瑞　著	对历史之典故、政事、人事、政制进行管理解析，鉴照企业领导职业能力提升与文化修养	推动理论与实践的对接，实现理性与情感的渗透，用中国话语说明管理智慧
	管理的尺度 刘文瑞　著	对管理中的种种普遍性问题进行了批评	提高把握管理尺度的能力
	管理学在中国 刘文瑞　著	系统性介绍了管理学在中国的发展和演变	了解管理学在中国的发展脉络，更清晰理解管理学的本质
	看电影，懂管理 刘文瑞　著	16部经典电影，带你感悟管理智慧	能够帮助读者放松身心，驰骋想象，在不知不觉中增长智慧
	管理:以规则驾驭人性 王春强　著	详细解读企业规则的制定方法	从人与人博弈角度提升管理的有效性
	打造集成供应链:走出挂一漏十的改善困境 王春强　著	详解集成供应链全过程	帮助企业优化供应链管理
	用好骨干员工:关键人才培养与激励 王　敏　著	系统化分享关键人才打造与激励方法	企业能实在用人的最大化价值
	改变世界的管理学大师1:管理学的前世今生 刘文瑞　编著	介绍了古典管理学时期的大师事迹和思想	深入了解管理大师们的思想和智慧
	成为企业欢迎的咨询师 张国祥　著	从调研到落地，手把手教你咨询流程	不走弯路，方便直接的学到老咨询师的套路
	员工心理学超级漫画版 邢　雷　著	以漫画的形式深度剖析员工心理	帮助管理者更了解员工，从而更轻松地管理员工
	老板有想法，高层有干法:企业中的将帅之道 王清华　著	深入剖析老板与高管的异同	各司其职，各行其是，相辅相成
	分股合心:股权激励这样做 段磊　周剑　著	通过丰富的案例，详细介绍了股权激励的知识和实行方法	内容丰富全面、易读易懂，了解股权激励，有这一本就够了
	边干边学做老板 黄中强　著	创业20多年的老板，有经验、能写、又愿意分享，这样的书很少	处处共鸣，帮助中小企业老板少走弯路

续表

通用管理	成为敏感而体贴的公司 王　涛　著	本书为作者对企业的观察和冥想的随笔记录。从生活中的一个现象入手，进而探索现象背后的本质	从全新角度认识公司
	中国企业的觉醒：正直　善良　成长 王　涛　著	围绕着企业人如何发生转化展开，对中国人、中国文化及由此导致的企业现状的观察和思考	企业除了要利润，还需要道德
	有意识的思考：轻松化解问题的7个思考习惯 王　涛　著	本书是对思想、思考过程、思考方式进行的细致观察	养成好的思考习惯，更深刻地看问题
	中国式阿米巴落地实践之从交付到交易 胡八一　著	本书主要讲述阿米巴经营会计，“从交付到交易”，这是成功实施了阿米巴的标志	阿米巴经营会计的工作是有逻辑关联的，一本书就能搞定
	中国式阿米巴落地实践之激活组织 胡八一　著	重点讲解如何科学划分阿米巴单元，阐述划分的实操要领、思路、方法、技术与工具	最大限度减少“推行风险”和“摸索成本”，利于公司成功搭建适合自身的个性化阿米巴经营体系
	中国式阿米巴落地实践之持续盈利 胡八一　著	把企业做成平台，企业才能做大（格局）；把平台做成阿米巴，企业才能做强（专业）；把阿米巴做成合伙制，企业才能做久（机制）	中国式阿米巴落地实践三部曲的最后一部，告诉你企业如何做大做强做久
	集团化企业阿米巴实战案例 初勇钢　著	一家集团化企业阿米巴实施案例	指导集团化企业系统实施阿米巴
	阿米巴经营的中国模式 李志华　著	让员工从“要我干”到“我要干”，价值量化出来	阿米巴在企业如何落地，明白思路了
	欧博心法：好管理靠修行 曾　伟　著	用佛家的智慧，深刻剖析管理问题，见解独到	如果真的有‘中国式管理’，曾老师是其中标志性人物
	领导这样点燃你的下属 孟广桥　著	领导者如何才能让员工积极主动地工作？如何让你的员工和下属保持工作的热情，自动自发？看了这本书就知道	只要你希望手下的"兵将"永远充满工作的斗志，这本书将使你获益良多
流程管理	1. 用流程解放管理者 2. 用流程解放管理者2 张国祥　著	中小企业阅读的流程管理、企业规范化的书	通俗易懂，理论和实践的结合恰到好处
	跟我们学建流程体系 陈立云　著	畅销书《跟我们学做流程管理》系列，更实操，更细致，更深入	更多地分享实践，分享感悟，从实践总结出来的方法论
	人人都要懂流程 金国华　余雅丽　著	当前各企业流程管理方面最为典型的痛点现象及问题案例	通俗易懂，适合企业全员阅读
质量管理	IATF16949质量管理体系详解与案例文件汇编：TS16949转版IATF16949:2016 谭洪华　著	针对IATF的新标准做了详细的解说，同时指出了一些推行中容易犯的错误，提供了大量的表单、案例	案例、表单丰富，拿来就用
	五大质量工具详解及运用案例：APQP/FMEA/PPAP/MSA/SPC 谭洪华　著	对制造业必备的五大质量工具中每个文件的制作要求、注意事项、制作流程、成功案例等进行了解读	通俗易懂、简便易行，能真正实现学以致用
	ISO9001:2015新版质量管理体系详解与案例文件汇编 谭洪华　著	紧密围绕2015年新版质量管理体系文件逐条详细解读，并提供可以直接套用的案例工具，易学易上手	企业质量管理认证、内审必备
	ISO14001:2015新版环境管理体系详解与案例文件汇编 谭洪华　著	紧密围绕2015年新版环境管理体系文件逐条详细解读，并提供可以直接套用的案例工具，易学易上手	企业环境管理认证、内审必备

续表

质量管理	**ISO9001:2015 完整文件汇编:制造业** 贺红喜　著	按照 ISO9001 标准并超出标准的要求,提供了一套完整的制造业的质量管理体系文件	原汁原味完整收入,直接可以拿来就用
	SA8000:2014 社会责任管理体系认证实战 吕　林　著	作者根据自己的操作经验,按认证的流程,以相关案例进行说明 SA8000 认证体系	简单,实操性强,拿来就能用
	精益质量管理实战工具 贺小林　著	制造类企业日常工作中所需要的精益管理工具的归纳整理,并进行案例操作的细致分析	可以直接参考,实际解决生产中的具体问题
战略落地	**重生——中国企业的战略转型** 施　炜　著	从前瞻和适用的角度,对中国企业战略转型的方向、路径及策略性举措提出了一些概要性的建议和意见	对企业有战略指导意义
	公司大了怎么管:从靠英雄到靠组织 AMT 金国华　著	第一次详尽阐释中国快速成长型企业的特点、问题及解决之道	帮助快速成长型企业领导及管理团队理清思路,突破瓶颈
	低效会议怎么改:每年节省一半会议成本的秘密 AMT 王玉荣　著	教你如何系统规划公司的各级会议,一本工具书	教会你科学管理会议的办法
	年初订计划,年尾有结果:战略落地七步成诗 AMT 郭晓　著	7 个步骤教会你怎么让公司制定的战略转变为行动	系统规划,有效指导计划实现
人力资源	**HRBP 是这样炼成的之"菜鸟起飞"** 新　海　著	以小说的形式,具体解析 HRBP 的职责,应该如何操作,如何为业务服务	实践者的经验分享,内容实务具体,形式有趣
	HRBP 是这样炼成的之中级修炼 新　海　著	本书以案例故事的方式,介绍了 HRBP 在实际工作中碰到的问题和挑战	书中的 HR 解决方案讲究因时因地制宜、简单有效的原则,重在启发读者思路,可供各类企业 HRBP 借鉴
	HRBP 是这样炼成的之高级修炼 新　海　著	以故事的形式,展现了 HRBP 工作者在职业发展路上的层层深入和递进	为读者提供 HRBP 在实际工作中遇到种种问题的解决方案
	新任 HR 高管如何从 0 到 1 黄渊明　著	全景式展现新任高管华丽转身全过程	助力新任高管安全着陆
	HR 的劳动法内参 李皓楠　著	100 个劳动法案例和分析	轻松掌握劳动法知识,方便运用
	把面试做到极致:首席面试官的人才甄选法 孟广桥　著	作者用自己几十年的人力资源经验总结出的一套实用的确定岗位招聘标准、提升面试官技能素质的简便方法	面试官必备,没有空泛理论,只有巧妙的实操技能
	人力资源体系与 e - HR 信息化建设 刘书生　陈　莹　王美佳　著	将作者经历的人力资源管理变革、人力资源管理信息化咨询项目方法论、工具和成果全面展现给读者,使大家能够将其快速应用到管理实践中	系统性非常强,没有废话,全部是浓缩的干货
	回归本源看绩效 孙　波　著	让绩效回顾"改进工具"的本源,真正为企业所用	确实是来源于实践的思考,有共鸣
	世界 500 强资深培训经理人教你做培训管理 陈　锐　著	从 7 大角度具体细致地讲解了培训管理的核心内容	专业、实用、接地气

续表

人力资源	**曹子祥教你做激励性薪酬设计** 曹子祥　著	以激励性为指导，系统性地介绍了薪酬体系及关键岗位的薪酬设计模式	深入浅出，一本书学会薪酬设计
	曹子祥教你做绩效管理 曹子祥　著	复杂的理论通俗化，专业的知识简单化，企业绩效管理共性问题的解决方案	轻松掌握绩效管理
	把招聘做到极致 远　鸣　著	作为世界500强高级招聘经理，作者数十年招聘经验的总结分享	带来职场思考境界的提升和具体招聘方法的学习
	人才评价中心．超级漫画版 邢　雷　著	专业的主题，漫画的形式，只此一本	没想到一本专业的书，能写成这效果
	走出薪酬管理误区 全怀周　著	剖析薪酬管理的8大误区，真正发挥好枢纽作用	值得企业深读的实用教案
	集团化人力资源管理实践 李小勇　著	对搭建集团化的企业很有帮助，务实，实用	最大的亮点不是理论，而是结合实际的深入剖析
	我的人力资源咨询笔记 张　伟　著	管理咨询师的视角，思考企业的HR管理	通过咨询师的眼睛对比很多企业，有启发
	本土化人力资源管理8大思维 周　剑　著	成熟HR理论，在本土中小企业实践中的探索和思考	对企业的现实困境有真切体会，有启发
企业文化	**36个拿来就用的企业文化建设工具** 海融心胜　主编	数十个工具，为了方便拿来就用，每一个工具都严格按照工具属性、操作方法、案例解读划分，实用、好用	企业文化工作者的案头必备书，方法都在里面，简单易操作
	企业文化建设超级漫画版 邢　雷　著	以漫画的形式系统教你企业文化建设方法	轻松易懂好操作
	华夏基石方法：企业文化落地本土实践 王祥伍　谭俊峰　著	十年积累、原创方法、一线资料，和盘托出	在文化落地方面真正有洞察，有实操价值的书
	企业文化的逻辑 王祥伍　著	为什么企业之间如此不同，解开绩效背后的文化密码	少有的深刻，有品质，读起来很流畅
	企业文化激活沟通 宋杼宸　安　琪　著	透过新任HR总经理的眼睛，揭示出沟通与企业文化的关系	有实际指导作用的文化落地读本
	在组织中绽放自我：从专业化到职业化 朱仁健　王祥伍　著	个人如何融入组织，组织如何助力个人成长	帮助企业员工快速认同并投入到组织中去，为企业发展贡献力量
	企业文化定位·落地一本通 王明胤　著	把高深枯燥的专业理论创建成一套系统化、实操化、简单化的企业文化缔造方法	对企业文化不了解，不会做？有这一本从概念到实操，就够了
生产管理	**精益思维：中国精益如何落地** 刘承元　著	笔者二十余年企业经营和咨询管理的经验总结	中国企业需要灵活运用精益思维，推动经营要素与管理机制的有机结合，推动企业管理向前发展
	300张现场图看懂精益5S管理 乐　涛　编著	5S现场实操详解	案例图解，易懂易学
	高员工流失率下的精益生产 余伟辉　著	中国的精益生产必须面对和解决高员工流失率问题	确实来源于本土的工厂车间，很务实
	车间人员管理那些事儿 岑立聪　著	车间人员管理中处理各种“疑难杂症”的经验和方法	基层车间管理者最闹心、头疼的事，‘打包’解决

续表

生产管理	**1. 欧博心法:好管理靠修行** **2. 欧博心法:好工厂这样管** 曾　伟　著	他是本土最大的制造业管理咨询机构创始人,他从400多个项目、上万家企业实践中锤炼出的欧博心法	中小制造型企业,一定会有很强的共鸣
	欧博工厂案例1:生产计划管控对话录 **欧博工厂案例2:品质技术改善对话录** **欧博工厂案例3:员工执行力提升对话录** 曾　伟　著	最典型的问题、最详尽的解析,工厂管理9大问题27个经典案例	没想到说得这么细,超出想象,案例很典型,照搬都可以了
	工厂管理实战工具 欧博企管　编著	以传统文化为核心的管理工具	适合中国工厂
	苦中得乐:管理者的第一堂必修课 曾　伟　编著	曾伟与师傅大愿法师的对话,佛学与管理实践的碰撞,管理禅的修行之道	用佛学最高智慧看透管理
	比日本工厂更高效1:管理提升无极限 刘承元　著	指出制造型企业管理的六大积弊;颠覆流行的错误认知;掌握精益管理的精髓	每一个企业都有自己不同的问题,管理没有一剑封喉的秘笈,要从现场、现物、现实出发
	比日本工厂更高效2:超强经营力 刘承元　著	企业要获得持续盈利,就要开源和节流,即实现销售最大化,费用最小化	掌握提升工厂效率的全新方法
	比日本工厂更高效3:精益改善力的成功实践 刘承元　著	工厂全面改善系统有其独特的目的取向特征,着眼于企业经营体质(持续竞争力)的建设与提升	用持续改善力来飞速提升工厂的效率,高效率能够带来意想不到的高效益
	3A顾问精益实践1:IE与效率提升 党新民　苏迎斌　蓝旭日　著	系统的阐述了IE技术的来龙去脉以及操作方法	使员工与企业持续获利
	3A顾问精益实践2:JIT与精益改善 肖志军　党新民　著	只在需要的时候,按需要的量,生产所需的产品	提升工厂效率
	化工企业工艺安全管理实操 黄　娜　编著	化工企业工艺安全管理全指导	帮助企业树立安全意识,强化安全管理方法
	手把手教你做专业的生产经理 黄　娜　著	物流、信息流、资金流,让生产经理管理有抓手	从菜鸟到能把控全局
员工素质提升	**TTT培训师精进三部曲(上):深度改善现场培训效果** 廖信琳　著	现场把控不用慌,这里有妙招一用就灵	课程现场无论遇到什么样的情况都能游刃有余
	TTT培训师精进三部曲(中):构建最有价值的课程内容 廖信琳　著	这样做课程内容,学员有收获培训师也有收获	优质的课程内容是树立个人品牌的保证
	TTT培训师精进三部曲(下):职业功力沉淀与修为提升 廖信琳　著	从内而外提升自己,职业的道路一帆风顺	走上职业TTT内训师的康庄大道
	培训师,如何让你的事业长青:自我管理的10项法则 廖信琳　著	建立了一套完整的培训师自我管理体系,为培训师的职业成长与发展提供有益的指引	培训师如何在自己的职业道路上越走越高,事业长青,一直有所收获与成长?本书将给你答案
	管理咨询师的第一本书:百万年薪　千万身价 熊亚柱　著	从问题出发,发现问题、分析问题、解决问题,让两眼一抹黑的新人快速成长	管理咨询师初入职场,让这本书开启百万年薪之路

续表

员工素质提升	**手把手教你做专业督导：专卖店、连锁店** 熊亚柱 著	从督导的职能、作用，在工作中需要的专业技能、方法，都提供了详细的解读和训练办法，同时附有大量的表单工具	无论是店铺需要统一培训，还是个人想成为优秀的督导，有这一本就够了
	跟老板"偷师"学创业 吴江萍 余晓雷 著	边学边干，边观察边成长，你也可以当老板	不同于其他类型的创业书，让你在工作中积累创业经验，一举成功
	销售轨迹：一位快消品营销总监的拼搏之路 秦国伟 著	本书讲述了一个普通销售员打拼成为跨国企业营销总监的真实奋斗历程	激励人心，给广大销售员以力量和鼓舞
	在组织中绽放自我：从专业化到职业化 朱仁健 王祥伍 著	个人如何融入组织，组织如何助力个人成长	帮助企业员工快速认同并投入到组织中去，为企业发展贡献力量
	企业员工弟子规：用心做小事，成就大事业 贾同领 著	从传统文化《弟子规》中学习企业中为人处事的办法，从自身做起	点滴小事，修养自身，从自身的改善得到事业的提升
	手把手教你做顶尖企业内训师：TTT培训师宝典 熊亚柱 著	从课程研发到现场把控、个人提升都有涉及，易读易懂，内容丰富全面	想要做企业内训师的员工有福了，本书教你如何抓住关键，从入门到精通
	28天速成文案高手 秦士 安丽 著	解构优秀品牌和出彩文案背后的逻辑，28天循序渐进成为文案高手	让优质文案变成"智慧工厂"般的工序管理与稳定出品
	让投诉顾客满意离开：客户投诉应对与管理 孟广桥 著	立足于投诉处理的实践，剖析了不同投诉者投诉的特点和应对措施，并提供各种技巧方法、赢得客户信赖所需培养的品质修炼、处理投诉应掌握的法律法规等工具	是投诉处理人员适应岗位职能需要、提升工作技能的良师益友，是企业变诉为金、培养业务骨干的法宝

营销类：把客户需求融入企业各环节，提供"客户认为"有价值的东西

	书名．作者	内容/特色	读者价值
营销模式	**精品营销战略** 杜建君 著	以精品理念为核心的精益战略和营销策略	用精品思维赢得高端市场
	变局下的营销模式升级 程绍珊 叶宁 著	客户驱动模式、技术驱动模式、资源驱动模式	很多行业的营销模式被颠覆，调整的思路有了！
	动销操盘：节奏掌控与社群时代新战法 朱志明 著	在社群时代把握好产品生产销售的节奏，解析动销的症结，寻找动销的规律与方法	都是易读易懂的干货！对动销方法的全面解析和操盘
	弱势品牌如何做营销 李政权 著	中小企业虽有品牌但没名气，营销照样能做的有声有色	没有丰富的实操经验，写不出这么具体、详实的案例和步骤，很有启发
	老板如何管营销 史贤龙 著	高段位营销16招，好学好用	老板能看，营销人也能看
	洞察人性的营销战术：沈坤教你28式 沈坤 著	28个匪夷所思的营销怪招令人拍案叫绝，涉及商业竞争的方方面面，大部分战术可以直接应用到企业营销中	各种谋略得益于作者的横向思维方式，将其操作过的案例结合其中，提供的战术对读者有参考价值
	动销：产品是如何畅销起来的 吴江萍 余晓雷 著	真真切切告诉你，产品究竟怎么才能卖出去	击中痛点，提供方法，你值得拥有
	1000铁杆女粉丝 张兵武 著	连接是女性与生俱来的特质。能善用连接的营销人员，就像拿到打开女性荷包的钥匙	重新认识女性的传播力量
	360°谈营销：一位营销咨询师20年实战洞察 王清华 古怀亮 著	各个角度，全方位，多视点剥营销	思路单一，此书帮你破

续表

营销模式	营销按钮:扣动一触即发的力量 老　苗　著	提供各种奇形怪状的营销武器	一定会带给你不一样的思维震撼
	孙子兵法营销战 刘文新　著	逐句解读孙子兵法,以及在营销方面的感悟	帮助营销人用智慧打营销仗
销售	资深大客户经理:策略准,执行狠 叶敦明　著	从业务开发、发起攻势、关系培育、职业成长四个方面,详述了大客户营销的精髓	满满的全是干货
	大客户销售这样说这样做 陆和平　著	大客户销售十大模块 68 个典型销售场景应对策略和话术,直接拿来就用	从"为什么要这么干"到"干什么、怎么干"
	成为资深的销售经理:B2B、工业品 陆和平　著	围绕"销售管理的六个关键控制点"一一展开,提供销售管理的专业、高效方法	方法和技术接地气,拿来就用,从销售员成长为经理不再犯难
	销售是门专业活:B2B、工业品 陆和平　著	销售流程就应该跟着客户的采购流程和关注点的变化向前推进,将一个完整的销售过程分成十个阶段,提供具体方法	销售不是请客吃饭拉关系,是个专业的活计!方法在手,走遍天下不愁
	向高层销售:与决策者有效打交道 贺兵一　著	一套完整有效的销售策略	有工具,有方法,有案例,通俗易懂
	学话术　卖产品 张小虎　著	分析常见的顾客异议,将优秀的话术模块化	让普通导购员也能成为销售精英
组织和团队	升级你的营销组织 程绍珊　吴越舟　著	用"有机性"的营销组织替代"营销能人",营销团队变成"铁营盘"	营销队伍最难管,程老师不愧是营销第 1 操盘手,步骤方法都很成熟
	用数字解放营销人 黄润霖　著	通过量化帮助营销人员提高工作效率	作者很用心,很好的常备工具书
	成为优秀的快消品区域经理(升级版) 伯建新　著	用"怎么办"分析区域经理的工作关键点,增加 30% 全新内容,更贴近环境变化	可以作为区域经理的"速成催化器"
	成为资深的销售经理:B2B、工业品 陆和平　著	围绕"销售管理的六个关键控制点"一一展开,提供销售管理的专业、高效方法	方法和技术接地气,拿来就用,从销售员成长为经理不再犯难
	一位销售经理的工作心得 蒋　军　著	一线营销管理人员想提升业绩却无从下手时,可以看看这本书	一线的真实感悟
	快消品营销:一位销售经理的工作心得 2 蒋　军　著	快消品、食品饮料营销的经验之谈,重点突出	来源于实战的精华总结
	销售轨迹:一位快消品营销总监的拼搏之路 秦国伟　著	本书讲述了一个普通销售员打拼成为跨国企业营销总监的真实奋斗历程	激励人心,给广大销售员以力量和鼓舞
	用营销计划锁定胜局:用数字解放营销人 2 黄润霖　著	全方位教你怎么做好营销计划,好学好用真简单	照搬套用就行,做营销计划再也不头痛
	快消品营销人的第一本书:从入门到精通 刘　雷　伯建新　著	快消行业必读书,从入门到专业	深入细致,易学易懂
产品	产品开发管理方法·流程·工具:从作坊式到规范化 任彭枞　著	产品研发管理体系全指导	既有工具,又能开拓思路
	新产品开发管理,就用 IPD(升级版) 郭富才　著	10 年 IPD 研发管理咨询总结,国内首部 IPD 专业著作	一本书掌握 IPD 管理精髓

续表

产品	这样打造大单品：案例　策略　方法 迪智成咨询团队　著	囊括十三个不同行业、企业的实际案例，从不同角度详细剖析、总结了这些品牌厂家打造大单品的成功经验或者失败教训	厘清大单品打造的策划与路径，得出持续经营的思路与方法
	研发体系改进之道 靖　爽　陈年根　马鸣明　著	提出一套系统性的方法与工具	指引企业少走弯路，提高成功率
	资深项目经理这样做新产品开发管理 秦海林　著	以 IPD 为思想，系统讲解新产品开管理的细节	提供管理思路和实用工具
	产品炼金术Ⅰ：如何打造畅销产品 史贤龙　著	满足不同阶段、不同体量、不同行业企业对产品的完整需求	必须具备的思维和方法，避免在产品问题上走弯路
	产品炼金术Ⅱ：如何用产品驱动企业成长 史贤龙　著	做好产品、关注产品的品质，就是企业成功的第一步	必须具备的思维和方法，避免在产品问题上走弯路
品牌	中小企业如何建品牌 梁小平　著	中小企业建品牌的入门读本，通俗、易懂	对建品牌有了一个整体框架
	采纳方法：破解本土营销 8 大难题 朱玉童　编著	全面、系统、案例丰富、图文并茂	希望在品牌营销方面有所突破的人，应该看看
	中国品牌营销十三战法 朱玉童　编著	采纳 20 年来的品牌策划方法，同时配有大量的案例	众包方式写作，丰富案例给人启发，极具价值
	今后这样做品牌：移动互联时代的品牌营销策略 蒋　军　著	与移动互联紧密结合，告诉你老方法还能不能用，新方法怎么用	今后这样做品牌就对了
	中小企业如何打造区域强势品牌 吴　之　著	帮助区域的中小企业打造自身品牌，如何在强壮自身的基础上往外拓展	梳理误区，系统思考品牌问题，切实符合中小区域品牌的自身特点进行阐述
渠道通路	深度分销：掌控渠道价值链 施　炜　著	制造商通过掌控渠道价值链，将管理触角延伸至零售层面及顾客现场，对市场根部精耕细作，从而挖掘需求，构筑区域市场尤其是三四级市场的竞争壁垒	深度分销是中国企业对世界营销的独特贡献。实践证明，互联网时代深度分销仍有生命力
	快消品营销与渠道管理 谭长春　著	将快消品标杆企业渠道管理的经验和方法分享出来	可口可乐、华润的一些具体的渠道管理经验，实战
	传统行业如何用网络拿订单 张　进　著	给老板看的第一本网络营销书	适合不懂网络技术的经营决策者看
	采纳方法：化解渠道冲突 朱玉童　编著	系统剖析渠道冲突，21 个渠道冲突案例、情景式讲解，37 篇讲义	系统、全面
	学话术　卖产品 张小虎　著	分析常见的顾客异议，将优秀的话术模块化	让普通导购员也能成为销售精英
	向高层销售：与决策者有效打交道 贺兵一　著	一套完整有效的销售策略	有工具，有方法，有案例，通俗易懂
	通路精耕操作全解：快消品 20 年实战精华 周　俊　陈小龙　著	通路精耕的详细全解，每一步的具体操作方法和表单全部无保留提供	康师傅二十年的经验和精华，实践证明的最有效方法，教你如何主宰通路

管理者读的文史哲·生活

书名．作者		内容/特色	读者价值
思想·文化	德鲁克管理思想解读 罗　珉　著	用独特视角和研究方法，对德鲁克的管理理论进行了深度解读与剖析	不仅是摘引和粗浅分析，还是作者多年深入研究的成果，非常可贵
	德鲁克与他的论敌们：马斯洛、戴明、彼得斯 罗　珉　著	几位大师之间的论战和思想碰撞令人受益匪浅	对大师们的观点和著作进行了大量的理论加工，去伪存真、去粗存精，同时有自己独特的体系深度

续表

思想·文化	**德鲁克管理学** 张远凤　著	本书以德鲁克管理思想的发展为线索，从一个侧面展示了20世纪管理学的发展历程	通俗易懂，脉络清晰
	王阳明“万物一体”论：从“身－体”的立场看（修订版） 陈立胜　著	以身体哲学分析王阳明思想中的“仁”与“乐”	进一步了解传统文化，了解王阳明的思想
	自我与世界：以问题为中心的现象学运动研究 陈立胜　著	以问题为中心，对现象学运动中的“意向性”“自我”“他人”“身体”及“世界”各核心议题之思想史背景与内在发展理路进行深入细致的分析	深入了解现象学中的几个主要问题
	作为身体哲学的中国古代哲学 张再林　著	上篇为中国古代身体哲学理论体系奠基性部分，下篇对由“上篇”所开出的中国身体哲学理论体系的进一步的阐发和拓展	了解什么是真正原生态意义上的中国哲学，把中国传统哲学与西方传统哲学加以严格区别
	中西哲学的歧异与会通 张再林　著	本书以一种现代解释学的方法，对中国传统哲学内在本质尝试一种全新的和全方位的解读	发掘出掩埋在古老传统形式下的现代特质和活的生命，在此基础上揭示中西哲学“你中有我，我中有你”之旨
	治论：中国古代管理思想 张再林　著	本书主要从儒、法墨三家阐述中国古代管理思想	看人本主义的管理理论如何不留斧痕地克服似乎无法调解的存在于人类社会行为与社会组织中的种种两难和对立
	车过麻城　再晤李贽 张再林　著	系统全面而又简明扼要地展示了李贽独到的学术眼力和超拔的理论建树	帮助读者重新认识李贽的思想
	中国古代政治制度（修订版）上：皇帝制度与中央政府 刘文瑞　著	全面论证了古代皇帝制度的形成和演变的历程	有助于读者从政治制度角度了解中国国情的历史渊源
	中国古代政治制度（修订版）下：地方体制与官僚制度 刘文瑞　著	全面论证了古代地方政府的发展演变过程	有助于读者从政治制度角度了解中国国情的历史渊源
	中国思想文化十八讲（修订版） 张茂泽　著	中国古代的宗教思想文化，如对祖先崇拜、儒家天命观、中国古代关于“神”的讨论等	宗教文化和人生信仰或信念紧密相联，在文化转型时期学习和研究中国宗教文化就有特别的现实意义
	史幼波《大学》讲记 史幼波　著	用儒释道的观点阐释大学的深刻思想	一本书读懂传统文化经典
	史幼波《周子通书》《太极图说》讲记 史幼波　著	把形而上的宇宙、天地，与形而下的社会、人生、经济、文化等融合在一起	将儒家的一整套学修系统融合起来
	史幼波《中庸》讲记（上下册） 史幼波　著	全面、深入浅出地揭示儒家中庸文化的真谛	儒释道三家思想融会贯通
	梁涛讲《孟子》之万章篇 梁　涛　著	《万章》主要记录孟子与万章的对话，涉及孝道、亲情、友情、出仕为官等	作者的解读能帮助读者更好地理解孟子及儒学
	两晋南北朝十二讲（修订版） 李文才　著	作为一本普及性读物，作者尊重史实，运用“历史心理学”的叙事方法，分12个专题对两晋南北朝的历史进行阐述	让读者轻松了解两晋南北朝的历史
	每个中国人身上的春秋基因 史贤龙　著	春秋368年（公元前770－公元前403年），每一个中国人都可以在这段时期的历史中找到自己的祖先，看到真实发生的事件，同时也看到自己	长情商、识人心
	与《老子》一起思考：德篇 **与《老子》一起思考：道篇** 史贤龙　著	打通文史，回归哲慧，纵贯古今，放眼中外，妙语迭出，在当今的老子读本中别具一格	深读有深读的回味，浅尝有浅尝的机敏，可给读者不同的启发

续表

思想·文化	**说服天下:《鬼谷子》的中国沟通术** 翟玉忠　著	由内圣而外王,从心力的培育到具体的说服理论,再到生动的说服案例	从商业到军事再到日常生活,沟通说服已经变得越来越重要
	读《管子》,知天下财富:轻重术与中国古典经济思想 翟玉忠　著	中国农业社会规模庞大的市场产生了复杂发展的经济理论——以《管子》轻重十六篇为核心的轻重术	本书分为道、术两大部分,有思想、有谋略,相信你会从中有所收获
	中国商道:从古典商书说开去 翟玉忠　著	对中国先秦和明清两个商品经济大发展时期商业典籍的第一次系统整理和诠释	中华商道一脉相承,造就了无数商业奇迹,成就了无数商业巨子。今人读之,必能获益
	跟陈忠建学写名家书法Ⅰ 跟陈忠建学写名家书法Ⅱ 陈忠建　著	中国台湾著名书法教育家,用视频手把手教你摹写历代名家笔触	用拟古千字文的形式,学习名家的技巧
	像美国人一样讲话:教你记住800句最地道的美语 马方旭　著	本书基本囊括了在美国最常用最地道的800习惯用语表达,包含中英双语翻译,以及清晰明了的注解帮助增强记忆,加入视频等流行的记忆方法	易读易懂,趣味十足
	别让你的执着毁了孩子 廖信琳　著	让职场人在家庭教育中不再焦虑,重塑亲子互动模式	只要放下你的执拗,孩子可以更优秀
	非暴力抵抗的诞生 甘　地　著	甘地在南非的自传,介绍了非暴力抵抗诞生的历史	深入了解甘地及其伟大思想
	中东历史与现状二十讲 黄民兴　著	介绍了中东历史和现状的20个重要问题	为研究和教学人员提供指导和依据
	郑子太极拳理拳法 杨竣雄　著	走进郑子太极拳完整训练体系的大门,随着书中另一主角——师父的课程安排与每日功课的练习	当您学完这套书后,在掌握拳架的同时具备诸多正确的太极理念与系统知识
	内功太极拳训练教程 王铁仁　编著	杨式(内功)太极拳(俗称老六路)的详细介绍及具体修炼方法,身心的一次升华	书中含有大量图解并有相关视频供读者同步学习
	中医治心脏病 马宝琳　著	引用众多真实案例,客观真实地讲述了中西医对于心脏病的认识及治疗方法	看完这本书,能为您节约10万元医药费